I0793616

ANTIMANUAL DE LENGUAJE IGUALITARIO

PAULINA CHAVIRA

ANTIMANUAL DE LENGUAJE IGUALITARIO

PARA TODOS, TODAS, TODXS, TODES.

NO TE ENREDES

Planeta

© 2024, Paulina Chavira

Ilustraciones de interiores: Miguel Ángel Núñez Franco
Formación: Víctor Santacruz
Diseño de portada: Planeta Arte & Diseño / José Manuel López Rocha y Lorena Ortega Rodríguez
Foto arte de portada: Erik Pérez Carcaño
Fotografía de la autora: © Del archivo de la autora

Derechos reservados

© 2024, Editorial Planeta Mexicana, S.A. de C.V.
Bajo el sello editorial PLANETA M.R.
Avenida Presidente Masarik núm. 111,
Piso 2, Polanco V Sección, Miguel Hidalgo
C.P. 11560, Ciudad de México
www.planetadelibros.com.mx

Primera edición en formato epub: octubre de 2024
ISBN: 978-607-39-1956-2

Primera edición impresa en México: octubre de 2024
ISBN: 978-607-39-1562-5

No se permite la reproducción total o parcial de este libro ni su incorporación a un sistema informático, ni su transmisión en cualquier forma o por cualquier medio, sea este electrónico, mecánico, por fotocopia, por grabación u otros métodos, sin el permiso previo y por escrito de los titulares del *copyright*.

La infracción de los derechos mencionados puede ser constitutiva de delito contra la propiedad intelectual (Arts. 229 y siguientes de la Ley Federal de Derechos de Autor y Arts. 424 y siguientes del Código Penal Federal).

Si necesita fotocopiar o escanear algún fragmento de esta obra diríjase al CeMPro (Centro Mexicano de Protección y Fomento de los Derechos de Autor, http://www.cempro.org.mx).

Impreso en los talleres de Litográfica Ingramex, S.A. de C.V.
Centeno núm. 162-1, colonia Granjas Esmeralda, Ciudad de México
Impreso y hecho en México – *Printed and made in Mexico*

AGRADECIMIENTOS

Este libro hoy está en tus manos gracias a muchas personas. La primera que viene a mi mente y a mi corazón es Héctor, mi pareja, mi equipo y mi mayor impulsor: sin ti, nada de esto sería posible. También Mateo y Diego, que son mis grandes maestros y mi mayor orgullo. No tengo dudas de que si mi mamá, Maryté, y mi papá, Jorge, no me hubieran motivado y no hubieran luchado para que hoy estuviera aquí, no habría logrado ni la mitad de lo que me han inspirado a hacer. Gracias, Marité y Marisol, por haber sido mis incondicionales y mis mejores compañeras de vida, por nuestra complicidad. A mi amigue Migue y Chuchus, por su apoyo, la taza y el té para sentarme a escribir. A Julieta, porque desde los 9 años me ofreció su amistad en las llantas y, viviendo en ciudades distintas, acá seguimos. A mis amigas de oro (Brenda, Naím, Sofía, Doris y Bri), que me animaron en momentos en que estaba reconsiderando…

Gracias, William, por haber despertado mi curiosidad ortográfica y lingüística. ¡No pensamos que esa sesión de corrección de estilo terminaría en esto! Javier, gracias por haber sido siempre generoso conmigo y abrirme espacios que me parecían inalcanzables… como la radio. A Elías, por haber confiado en mí, en mi obsesión ortográfica, para darme uno de los trabajos que me trajo los mejores desafíos y aprendizajes profesionales. ¡Gracias porque fue en el ÑYT donde entendí cómo cambia la lengua y qué riqueza tiene, más allá de las normas! A Marina, por haber sido mi aliada en usar lenguaje igualitario para los artículos y por enseñarme sobre la diversidad de género.

A mis alumnas de *Plural*, en Guadalajara, les agradezco profundamente que me hicieran cuestionarme el «masculino genérico», allá por 2017. Así como a Gabriela Cano, quien me invitó a dar esos dos cursos de lenguaje incluyente que moldearon en gran parte este antimanual y lo que entiendo de la importancia de nombrar. También a Álex Orué, activista por los derechos de las personas LGBTQ+, que hizo la lectura de sensibilidad de este texto y siempre ha sido supergeneroso al resolver mis dudas.

Pero especialmente gracias a ti, que hoy te das la oportunidad de explorar cómo cambia la lengua y de comprender cómo modificar la forma en que nos expresamos puede ayudar a vivir en un mundo en el que todas las personas seamos vistas, nombradas y expresadas. ¡Porque la lengua es más divertida de lo que creíamos!

ÍNDICE

Este libro está escrito con mucho cariño y respeto para todas las personas que sienten que no comprenden de qué se tratan el lenguaje igualitario y el lenguaje incluyente, que la lengua les parece compleja o que esta lengua no las representa ni las hace sentir visibilizadas. Si bien cuando se usa la expresión «lenguaje incluyente» muchas personas piensan que es un asunto que solo debe atañer a la comunidad LGBTQ+, me parece que no es así. Sin importar cuál sea nuestra identidad y expresión de género, nuestra orientación sexual, nuestro sexo, cualquier persona tendría que estar involucrada en la conversación sobre la evolución de nuestra lengua.

Escribí este libro usando lenguaje igualitario, con varias intenciones, pero destaco dos: la más importante es que me interesa que cualquier persona que lea este antimanual se sienta incluida, expresada y representada; también lo hice así para que te des cuenta de que es posible usar el lenguaje igualitario en cualquier registro y plataforma, ¡incluso para escribir un libro!

Solo usé masculino genérico en los ejemplos, para mostrar cómo se puede expresar esa idea en lenguaje igualitario o en lenguaje incluyente. Escribí los ejemplos o hablo de géneros en orden alfabético.

INTRODUCCIÓN

Antes de empezar, quiero platicarte un poco de mí. Siempre me ha gustado analizar gramaticalmente las oraciones: marcar el sujeto con rojo, el predicado con azul... Desde niña tuve una afortunada facilidad —muy impulsada por mis profesoras; sí, todas mujeres— por la ortografía. Después estudié Periodismo con la intención de dedicarme a escribir. Cuando hace más de diez años comencé a hacer corrección de estilo de textos para esta misma editorial, jamás imaginé que esta sería la ruta que tomaría mi profesión: la de conjuntar mis conocimientos de la lengua con su divulgación. Y eso empezó en 2016, cuando me contrataron como la encargada del manual de estilo de la edición en español de *The New York Times*. Durante tres años y medio tuve el maravilloso trabajo de perfilar las alternativas lingüísticas para esa publicación, así como las variantes de nuestra lengua que usábamos en los artículos, las cuales me parece que, en parte, siguen vigentes.

Pero tengo que hacer una confesión: antes de empezar ese trabajo creía que el lenguaje incluyente era innecesario, que con el masculino genérico nos bastaba y nos sobraba; vaya, en un «todos» me sentía identificada. Fue precisamente mi experiencia como editora de esta publicación la que me enseñó que la lengua cambia constantemente y que **todas las personas necesitamos actualizar no solo nuestros conocimientos sobre el español, sino también nuestras creencias alrededor de la lengua.**

En octubre de 2018 debíamos traducir un artículo sobre una colección de retratos que tomó la fotógrafa noruega-argelina Linda

Bournane Engelberth, a la que llamó *Outside de Binary* (o «Fuera del binarismo»). Las personas queer a las que Bournane Engelberth retrató hablaron con la fotógrafa sobre su identidad y su expresión de género y, en la versión en inglés, algunas usaban el pronombre *they* en singular, pues se identificaban como personas no binarias. La verdad es que hasta ese momento yo no sabía ni qué eran identidad ni expresión de género y menos que *they* podía usarse —y que ya se usaba en inglés— como un pronombre neutro o sin marca de género. Pero teníamos que traducir ese texto de modo que, respetando la veracidad y la precisión periodísticas, no usáramos ni el género masculino ni el género femenino para referirnos a estas personas, pues explícitamente decían —y eso era parte fundamental de este artículo— que no se identificaban con ninguno de esos dos géneros, o no exclusivamente.

La forma en la que concebía el género y la gramática estaban por cambiar. Investigué en artículos que la generosa lingüista española Elena Álvarez Mellado me compartió; gracias al activista mexicano Enrique Torre Molina, consulté a la Alianza de Personas Gays y Lesbianas contra la Difamación (GLAAD, por su nombre en inglés), una organización que trabaja de cerca con los medios de comunicación anglófonos para orientarlos sobre cómo informan acerca de la comunidad LGBTQ+; les pregunté a personas queer y aprendí que en algunos círculos se usaba ya el pronombre sin género masculino ni femenino: *elle*. Así fue como decidí que ese sería el pronombre neutro que usaríamos en los artículos de *The New York Times en Español,* y es el que se sigue usando.

El artículo sobre los retratos de personas no binarias no fue uno más: fue el que me permitió ser consciente de que las palabras construyen realidad... y viceversa. Fay, Angie, Christer, Gabriel e Ynda fueron las primeras personas no binarias que conocí, pero no serían las únicas. Como amante de las palabras, y para honrar mi compromiso con la precisión y la voluntad de las personas de las que estábamos hablando, necesitaba palabras que ninguna academia ni fundación dedicadas al estudio de la lengua en español contemplaban. Así que desde entonces he escuchado, observado y conversado con personas que usan cotidiana y fluidamente esta forma de expresión. El libro que hoy tienes en tus manos busca acercarte esa información y ser tu compañía en esta forma de expresión igualitaria e incluyente.

Claro, te entiendo mejor de lo que te imaginas: aceptar que no te ves ni te identificas en el masculino genérico puede ser muy difícil. Por eso quiero ofrecerte atajos o señales claras de cómo puedes expresarte para que cualquier persona se sienta identificada, vista o incluida en tus palabras. Ese es el primer paso.

Después, está la ruta para llegar al uso de la *-e* y para dejar de expresarte de manera binaria. Lo sé, son muchos conceptos y quizá te parezca complicado en este momento, pero te prometo que los explicaré uno a uno porque lo que más me interesa es que veas que expresarte igualitariamente no es una tarea imposible: solo requiere de práctica.

¿Que si me costó trabajo dejar de usar el masculino genérico? La verdad, no. Solo requirió de hacerme consciente de qué palabras usaba y qué alternativas hay en la lengua que hablo, porque si algo tiene el español es que es una lengua vasta, rica y mucho más dinámica de lo que creemos o nos quieren hacer creer.

¿POR QUÉ UN ANTIMANUAL?

Los manuales son textos que nos dan instrucciones para armar o usar algo. En general son aburridos y muy rígidos, y en pocas ocasiones cambiarán.

Bueno, pues este libro que tienes frente a ti busca todo lo contrario: como ya leíste, mi acercamiento a la lengua surge del amor y la pasión que me generan las palabras y cómo las usamos, no a partir de una formación académica. Por ello, no busco imponer la información que aquí encontrarás, sino solo presentarte las herramientas que he usado en los últimos años y que he comprobado que funcionan para expresarme efectivamente de manera igualitaria, incluyente y respetuosa.

Además, la idea de cambio y transformación es fundamental… y los manuales pocas veces nacen con ella en los genes. Este no. En este antimanual se entiende y se asume que la lengua cambia constantemente y que la forma en que nos expresamos también. Estoy segura de que no hablas como se hablaba en 1492, cuando Antonio de Nebrija publicó la primera gramática del español, ni como en 1847, cuando Andrés Bello publicó su gramática para el uso de quienes hablaban castellano en América, pero tampoco como María Moliner, quien en 1980 nos regaló el *Diccionario del uso del español*. Incluso, es probable que haya palabras o expresiones que usas hoy que no usabas antes de la pandemia de covid.

Ahora como nunca atestiguamos cómo está cambiando la forma en que nos expresamos gracias a las redes sociales, a la conexión cercana e inmediata que tenemos con personas que hablan español en otros lugares del planeta. Quizá nunca tantas personas habíamos sido parte de estos cambios al mismo tiempo. Por eso es importante destacar que mucho de lo que está sucediendo con el lenguaje incluyente está cambiando mientras lees estas líneas. Nada está escrito en piedra.

Con este antimanual solo busco acompañarte en el tránsito hacia una expresión en la que hablemos y visibilicemos a todas las personas por igual, así como ofrecerte algunas provisiones, mejor dicho, previsiones, que pueden ayudarte a sortear cualquier cambio o imprevisto en la ruta.

¿QUÉ ESPERAR DE ESTE ANTIMANUAL?

1 Conocerás a tu audiencia: tomarás en cuenta el registro en el que estás hablando (formal o informal), a quién le estás hablando y en qué plataforma estás emitiendo el mensaje, porque esto definirá las bases de tu comunicación.

2 Te hablaré de lenguaje igualitario: hay muchas estrategias que están a tu alcance para dejar atrás el masculino genérico. ¿Para qué quisieras evitarlo? Para que la medida de todo lo que conocemos no sea la del varón, para que las mujeres, las personas no binarias y cualquier persona sean parte del discurso.

3 Ya que conozcas todas las alternativas que tienes, ¡hablemos de lenguaje incluyente! ¿Qué vas a hacer si conoces a alguien que te dice que no se identifica ni con el género femenino ni con el masculino? Lo último que quiero es que te quedes sin palabras o que sientas que todo lo tienes que decir con una *-e* (¡*nede* que ver!).

Consideraciones

- Vale la pena recordar que, antes que una cuestión lingüística, esta es una cuestión de **respeto:** si una persona te dice que se identifica como no binarie, lo que corresponde es que uses la *-e*, más allá de que te guste o no.
- Al presentarte estas alternativas, mi objetivo es que te sientas con el poder de expresarte con claridad y comodidad en cualquier ámbito, con la conciencia de que sí: esta lengua es tuya.
- Hay algunas cuestiones que hay que tomar en cuenta siempre que te comuniques con alguien más. Sobre algunas se ha escrito mucho... sobre otras, no. En fin, que estos consejos no le sobran a nadie.
- Entiendo que hay personas que no están listas para usar la *-e*. Si estás entre ellas, respeto tu postura; aquí encontrarás maneras en las que puedes expresarte sin hacer marcas de género, por ejemplo, con el lenguaje igualitario. Pero si tienes el interés y la disposición para aprender e identificar cuándo o por qué usar la *-e* o la *-x*, aquí encontrarás las pistas para hacerlo.
- Lo más importante para mí es que te quites el miedo, que te des cuenta de que esta es tu lengua y que te apropies de ella.

ADVERTENCIA

Esta no es la anarquía, aunque muchas personas digan que el lenguaje incluyente es una *deformación* de la lengua o que al usarlo «no se respeta nada».

En realidad, muchas de las estrategias que encontrarás en este antimanual se guían a partir de lo que quienes hablamos español conocemos de ortografía y gramática. Porque ¿para qué sirven las normas, las reglas, si no es para poder implementarlas en diferentes situaciones, en contextos no estudiados o poco conocidos? También sirven para guiarnos ante las necesidades que surgen. Es precisamente por eso que me parece que hay que aventurarse a ejercitar nuestra lengua, como si fuera un deporte: la práctica nos lleva a la maestría. Pero una maestría entendida como la posibilidad de decidir cómo escribir o decir algo sabiendo a quién te diriges, en qué contexto y que quien te lea o te escuche comprenderá el mensaje.

Sé que cuando hablamos de cambiar la forma en que nos expresamos a muchas personas les da miedo equivocarse, no saber qué escribir o decir. Pero en este antimanual encontrarás los pasos, uno a uno, para expresarte de manera más igualitaria o, si así lo quieres, para emplear el lenguaje incluyente con confianza. Y quizá esta se convierta en una guía para saber qué debes hacer en diferentes situaciones, que te ayude a moverte con facilidad entre una expresión y otra, como seguramente ya lo haces al identificar cuándo escribes formalmente o cuándo puedes hacerlo de manera más relajada. Lo importante es que te sientas con la confianza de expresarte y de explorar alternativas sin miedo.

Pero te digo de una vez que te vas a equivocar… y ¡no pasa nada! Es una habilidad que muchas personas estamos adquiriendo; hay a quienes se les facilita y hay a quienes les cuesta un poco más de trabajo. No te desesperes. Solo es cuestión de práctica.

¡SEAN TODOS BIENVENIDOS!

CAPÍTULO 1

Empecemos por el principio

Una lengua en cambio constante

Sí, no hay quien en pleno 2024 hable y escriba igual que como se hacía en 1605, cuando Miguel de Cervantes publicó la emblemática novela *Don Quijote de la Mancha*, que muchas personas toman como referencia de nuestra lengua... Es más: ¡seguramente no hablas ni escribes como lo hacías hace apenas cinco años!

La pandemia de covid, por ejemplo, provocó que retomáramos palabras que ya existían, pero que ahora poseen una carga diferente, como *confinamiento*, *cubrebocas* (o *mascarilla*, *tapabocas* o *barbijo*), *cuarentena* o *nueva normalidad*; o que creáramos palabras para hablar de la realidad que vivimos, como la misma «covid».

Este acrónimo multimentado es un excelente ejemplo para hablar del dinamismo de nuestra lengua —contrario a la creencia generalizada de que el español *no cambia ni se adapta*— y de cómo las personas que hablamos una lengua somos quienes la moldeamos y la definimos.

A partir del aumento de casos de personas con SARS-CoV-2 y para evitar la estigmatización que especialmente hacía el entonces presidente estadounidense Donald Trump, se decidió inventar un nombre para la enfermedad que provocaba este tipo de virus: se tomaron partes de las palabras en inglés ***Co**rona **Vi**rus **D**isease* y se creó, el 11 de febrero de 2020, el término COVID-19 (ese «19» hace referencia al año en el que se identificó el primer caso).

La palabra irrumpió en nuestra vida, así como el mismo virus y, ante la necesidad imperiosa de la comunicación inmediata, medios de comunicación y quienes publicamos activamente en redes sociales requeríamos de más información: ¿el o la COVID-19? ¿Se escribe todo con mayúsculas? Si viene de una palabra en inglés, ¿tendría que escribirse en cursiva o entre comillas? Las personas comenzaron a decidir —como pasa siempre— a partir de lo que saben o de las reglas ortográficas que recordaban:

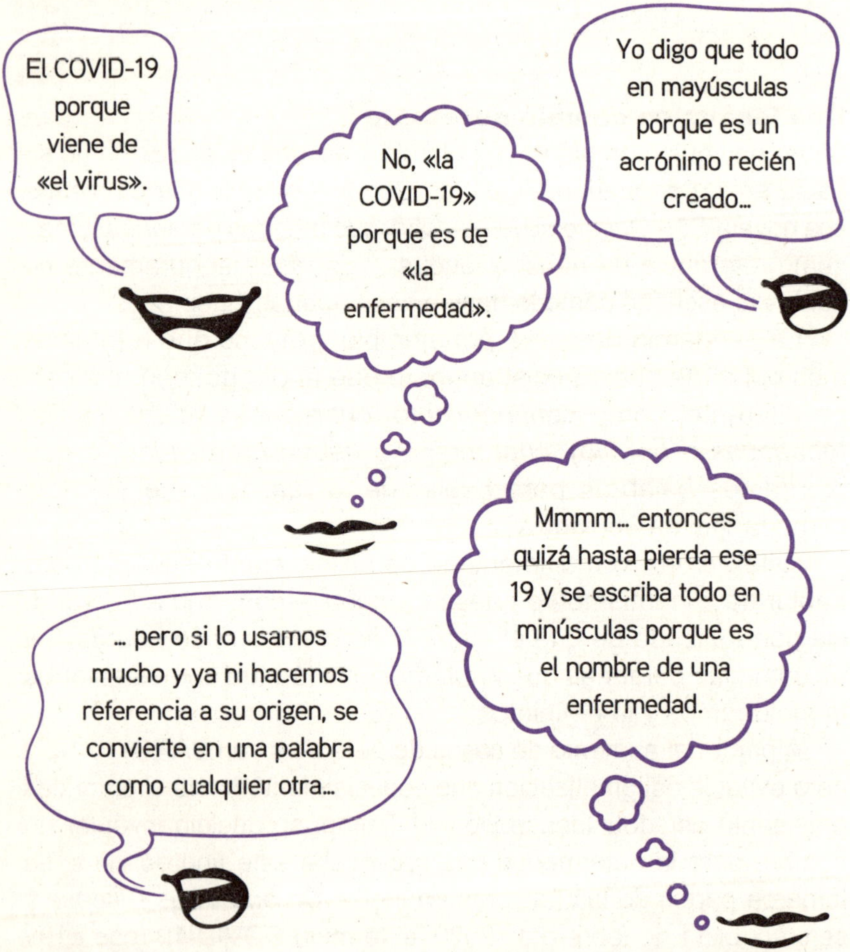

Me tardé más en reproducir todos estos diálogos que lo que sucedió en realidad: muchas de estas decisiones se tomaron en segundos a partir de lo que ya conocemos.

Y sí, aunque en origen tendría que haber sido «la COVID-19», porque el acrónimo hace referencia a *la enfermedad* provocada por el coronavirus, la decisión que muchas personas tomaron de que hacía referencia a *el virus* hizo que este se convirtiera en un sustantivo ambiguo, es decir, que puede usarse tanto en femenino como en masculino, como el/la azúcar. Y, claro, hemos usado tanto este mentado acrónimo en el mundo entero, en tantas lenguas, que ese *-19* se perdió y covid se convirtió en una palabra más de nuestro vocabulario, con lo que es perfectamente válido escribirlo todo en minúsculas, como el nombre de cualquier enfermedad, como migraña o sarampión.

Aquí es muy importante hacer dos apuntes: el primero, que el organismo que propuso la creación de esta palabra **no** fue ninguna academia ni tampoco una institución de estudio de la lengua, sino la Organización Mundial de la Salud (OMS). ¿Qué significa? Que de ninguna manera son las academias ni las instituciones dedicadas al estudio de la lengua las únicas que definen o crean las palabras que utilizamos. Así que no hay ninguna necesidad de sentirse mal por haber usado una palabra que no tenía «la bendición de la RAE (Real Academia Española)».

Es importante aclarar que hablo de la RAE porque es la academia que tiene mayor reconocimiento entre hispanohablantes, no porque la considere la máxima o la única autoridad. También es importante que sepas que existen otras veintidós academias de la lengua española y otras muchas instituciones que se dedican al estudio de la lengua, como la Universidad Nacional Autónoma de México, El Colegio de México o la Fundación Caro y Cuervo en Colombia.

El segundo apunte es que en este caso se dio un fenómeno que me parece representativo de eso que seguramente has escuchado más de una vez:

La lengua la hacemos quienes la hablamos.

Como te decía, el titular de la OMS anunció el 11 de febrero de 2020 que se usaría el acrónimo COVID-19 para referirse a la enfermedad provocada por el coronavirus. En este caso, las fechas son muy importantes.

Imagínate: esta fue una noticia de impacto mundial. Sí, muchas personas nos enteramos de esta propuesta gracias a los medios de comunicación que transmitieron esta conferencia o informaron sobre ella, y las mismas personas que trabajan en esos medios de comunicación en algún momento se plantearon: «¿Cómo escribimos esto? ¿Con mayúsculas? ¿Pandemia *del* COVID-19 o *de la* COVID-19?».

En general, las personas recurrimos en estos casos novedosos a la cuenta de lo que antes se llamaba Twitter (hoy X) de la RAE, que es la que responde con mayor prontitud a las dudas que se plantean, pero **no** porque esta defina cómo se habla ni cómo se escribe. La publicación sobre el género gramatical de COVID-19 llegó varios días después, los cuales bastaron para que *el uso* hiciera de las suyas, es decir: que la forma que nos pareció más adecuada a quienes hablamos español fue la que se empezó a utilizar.

Aunque según la *Ortografía de la lengua española* lo que correspondía era decir «la covid», porque ese acrónimo hace referencia a *una* enfermedad (la enfermedad provocada por el coronavirus), muchas personas empezaron a decir y a escribir «el covid», pues les parecía que se trataba de *el* virus. Diez meses después, cuando COVID-19 entró al *Diccionario de la lengua española* lo hizo como un sustantivo que puede usarse tanto en femenino (la covid) como en masculino (el covid).

Conocer las normas nos ayuda a aplicarlas siempre que sean necesarias, en especial cuando estamos ante un escenario no contemplado, uno nuevo. Pero las normas también cambian.

¿Por qué en español usamos el masculino genérico?
Porque así lo decidió un grupo… de hombres. Quisiera decírtelo de otra manera, pero fue así. Quienes le dieron forma a lo que hoy conocemos como español fue un grupo de hombres que en su momento tenían el derecho a escribir, cuya voz era la única escuchada y tomada en cuenta —como hoy, desafortunadamente, sigue siendo en muchos ámbitos—. El pasaje que retoma Irene Vallejo cuando habla de la *Odisea* —el poema épico que enmarca el pensamiento de la cultura griega que fue modelo de conocimiento y desarrollo de la cultura occidental— del diálogo entre Telémaco y su madre, Penélope, es revelador: «Madre, marcha a tu habitación y cuídate de tu trabajo, el telar y la rueca, y vigila que las esclavas cumplan sus tareas. **La palabra debe ser cosa de hombres, de todos, y sobre todo**

cosa mía, porque yo estoy al mando en este palacio».[1] Pareciera ser que así se entendió y se ha entendido lo que se dice y cómo se dice. Recomiendo ampliamente la lectura de la obra de Vallejo para entender, con los muchos ejemplos que ofrece, cómo el mundo de la palabra se fue moldeando a partir de la mirada y, más importante, de la voz de los hombres (y no estoy usando el masculino genérico).

Muchas de las lenguas de origen latino (como el español, el francés, el italiano o el portugués) tienen formalmente al masculino como el género no marcado, es decir, que lo usan tanto para referirse a alguien que se identifica con ese género como para referirse a alguien que se identifique con el género femenino o como persona no binaria. Durante mucho tiempo este acuerdo funcionó. Incluso para muchas personas sigue funcionando, por lo que no causa ninguna inquietud que se diga «Todos los niños jugarán futbol en el recreo», ya que quienes no se identifiquen con ese masculino *entenderán* e *interpretarán* que ese «todos» les incluye… o no. Sin embargo, en todas estas lenguas hay hablantes que han buscado alternativas para ese género no marcado y así evitar el uso del masculino. Te invito a revisar el mapa de las páginas 106-110, en el que se muestra esto que te menciono.

Ahora, independientemente de lo que haya pasado antes, lo que nos concierne es lo que sucede hoy: muchas personas no nos sentimos ni vistas ni reconocidas en el masculino genérico. Afortunadamente, nuestra lengua es tan vasta y tiene tal riqueza que tenemos la posibilidad de dejar de usar el género gramatical masculino con diferentes estrategias —que no se limitan al uso de la *x*, la *-e* o la mención de cada uno de los géneros, incluyendo al neutro— que hacen perfectamente posible la comunicación de manera natural (que, ah, ¡cómo preocupa a tanta gente!) y fluida, expresándonos igualitariamente. También

[1] Vallejo, Irene (2021). *El infinito en un junco*, México: Penguin Random House, p. 103 [El resaltado es mío].

se puede mantener la «economía del lenguaje», que es uno de los contrargumentos más comunes en contra del lenguaje incluyente, es decir: que podemos decir lo mismo sin usar tantas palabras. Es más, ¡hay ocasiones en las que nuestro discurso es más conciso con el lenguaje igualitario que recurriendo al masculino genérico!

Lo único necesario es entender que aprendemos a partir de la voluntad y perfeccionamos a partir de la práctica. Sí, soy una convencida de que hay que ejercitarnos en nuestra lengua siempre.

¿Lenguaje igualitario? ¿Lenguaje incluyente?

No; al menos yo no lo entiendo así.

Primero, hay que saber que el lenguaje es la aplicación de la lengua en nuestra realidad: son las palabras que usamos en un determinado contexto, con cierto grupo de personas, para lograr un objetivo de comunicación. Hay diferentes tipos de lenguaje que se adaptan a nuestras necesidades de expresión. Por ejemplo, el lenguaje coloquial es más informal y en general es el que usamos en situaciones familiares, relajadas, cuando estamos en confianza; a diferencia del lenguaje estándar, que igual podríamos usar en una situación familiar, pero es más formal. El lenguaje estándar es al que recurrimos cuando conocemos a alguien en el ámbito laboral o en el primer día de clases. Un factor que determina nuestra competencia comunicativa es la identificación del registro (modo de expresión elegido según las circunstancias) y del lenguaje que debemos emplear en determinada situación.[2]

Entonces, **¿qué es el lenguaje igualitario?** Uso este término para hablar y escribir sobre todas las personas por igual, sin importar su identidad y expresión de género, su etnia, si tienen una discapacidad… Es la alternativa al uso del masculino genérico. Engloba diferentes estrategias de redacción, de selección de palabras, que permiten que cualquier persona se sienta parte del discurso, sin necesidad de que ser parte del discurso signifique entender, medir y ver el mundo a partir del masculino. Este antimanual está escrito usando lenguaje igualitario.

[2] Pérez Reyna, A. (coord.) (2014). *Niveles de lenguaje*, México: Universidad Autónoma de Nuevo León.

En esta tabla enlisto sus características para que puedas identificar mejor las diferencias entre uno y otro tipo de lenguaje:

Lenguaje incluyente o inclusivo	Lenguaje igualitario
Forma de expresarnos en la que usamos la *-e* o la *x* para referirnos a personas que se identifican como no binarias o para hablar sin marcar el género de la persona o el grupo al que hacemos referencia.	Forma de expresarnos en la que no usamos el masculino genérico y logramos que cualquier persona se sienta identificada, vista, incluida y reconocida en nuestro discurso. Por ejemplo: en lugar de «Los participantes están en el salón», en la que se usa masculino genérico, cambiamos a: «Quienes participan ya están en el salón».
Se debe utilizar si nos dirigimos a alguien que explícitamente nos diga que usa el pronombre *elle*.	Lo podemos usar en cualquier registro, ya sea formal o informal, de manera hablada o escrita, sin importar la identificación de género de la audiencia a la que le estamos hablando.
También puede utilizarse como genérico, si es que no queremos marcar un género o mantener la ambigüedad (por ejemplo: en las vacantes de trabajo). Aún es poco frecuente leerlo en registros formales (literario, académico, científico...), pero sí hay obras en las que podemos encontrarlo.	Hay quienes también le llaman lenguaje no binario indirecto.
Hay quienes también lo conocen como lenguaje no binario directo.	

En los años noventa, hablar de lenguaje incluyente iba más encaminado a no ser sexista: a visibilizar a las mujeres. Durante siglos, en el español —y en muchas otras lenguas, el inglés entre ellas, por ejemplo— la forma en masculino fue la que se usó para hablar de la humanidad entera. Entendemos y medimos la realidad a partir de los hombres, de lo masculino. Pero desde las últimas décadas del siglo pasado el movimiento feminista empujó y trabajó en todo el mundo para cambiar las formas de expresión. En español, para incluir a las mujeres en el discurso, la herramienta más fácil para lograrlo fue usar el masculino y el femenino en cada ocasión que fuera posible: *el ciudadano y la ciudadana*, en lugar de *los ciudadanos*; *el niño y la niña* en lugar de *los niños*; *el hombre y la mujer* en lugar de *el hombre*.

En México podemos recordar que, a partir del año 2000, se usó este recurso en exceso en el ámbito político, casi por obligación, con la intención de mostrar que el Gobierno estaba buscando un acceso igualitario de las mujeres a la sociedad. Pero el problema de no dialogar sobre cuál era la necesidad en cuanto al uso de palabras y de la ejecución de acciones hizo que este recurso se convirtiera en uno que muchas personas rechazan.

Aunque es necesario reconocer que dio resultados. Tantos que es una práctica ya establecida en muchos ámbitos: decir «bienvenidos, bienvenidas» al comienzo de una reunión ya ni siquiera se cuestiona. Pero la realidad cambia y los pendientes van subiendo en la lista: era necesario hablar conscientemente de las personas de otros grupos que siempre habían sido ignoradas o de las que nos expresamos mal; personas con discapacidad,[3] personas de la comunidad LGBTQ+…

Así fue como el *lenguaje incluyente* amplió sus usos: ya no solo servía para poner a las mujeres en el discurso, sino también

[3] En diciembre de 2021, las periodistas Katia D'Artigues y Bárbara Ánderson publicaron *¿Cómo se dice? De la A a la Z: el primer diccionario para reportear, escribir y contar historias sobre discapacidad*, una guía muy útil para cualquier persona, no solo para quienes trabajan en medios de comunicación, que puedes encontrar en línea y descargar de manera gratuita.

a otras personas que no se veían ni se escuchaban ni se decían en un *todos.*

A finales de 2010 empezó a hablarse más, y en más ámbitos, del género como un espectro, de dejar atrás el binarismo y de buscar alternativas que nos ayudaran a expresar otras formas de entender el género. En un inicio fue la letra *x*, pero después llegó la *e,* y hasta ahora aquí estamos. Como ves, el cambio es una constante en la lengua y nada de lo que hablamos hoy permanecerá idéntico con el paso del tiempo.

Sin embargo, muchas personas creen que el esfuerzo que se pone en cambiar la forma en la que expresamos el género es innecesario mientras no incluyamos la lengua de señas (LSM, lengua de señas mexicana) o no tengamos documentos en braille.

Accesibilidad e inclusión no son lo mismo

No sabes cuántas veces he escuchado o leído que, en lugar de estar pensando en *x*, *-e* y @ deberíamos de aprender lengua de señas mexicana y tener todo disponible en braille. Y sí, considero que una acción no excluye a la otra y que lo ideal sería que todas las personas en todo momento intentáramos que nuestras palabras —y nuestras señas— tengan la posibilidad de llegar a donde sea que se necesite y a quien sea que deba escucharlas, leerlas o señalarlas. Pero hay que aclarar: accesibilidad no es igual a inclusión.

Para explicar mejor la diferencia entre estos conceptos, busqué a la periodista mexicana Katia D'Artigues, quien es cofundadora de la plataforma yotambien.mx, un sitio dedicado a informar sobre discapacidad, inclusión y accesibilidad. «Inclusión y accesibilidad sí son muy diferentes», dice Katia, y precisa sobre la segunda: «[es] todo lo que haces para que una persona con cualquier condición de vida pueda tener acceso a algo físico o algo digital». Es decir: una rampa, un video con alguien que haga interpretación de lengua de señas mexicana, una página web adaptada para lectores automáticos o un documento en braille. Eso es accesibilidad.

Para que haya inclusión, primero debe haber accesibilidad, pero —precisa Katia— esta no garantiza la inclusión. Si las personas no están dispuestas a incluir y a considerar a quienes son diferentes, no habrá inclusión, aunque haya contenidos en braille, rampas o se aprenda LSM. Si tu pensamiento y tu actitud no están abiertas a que todas las personas somos diferentes y que requieres adaptar desde tus palabras hasta la plataforma o la manera en la que las emites para incluirnos, de poco servirá lo demás.

Tus palabras crean realidad; la forma en la que te expresas moldea tu pensamiento, y viceversa: la realidad crea palabras y tu pensamiento moldea tu expresión. Es una relación simbiótica, bidireccional, influenciada por el contexto en el que vives.

Hay quienes se preguntan para qué cambiar las palabras o la manera en que nos expresamos, que esa acción es inútil y que deberíamos dedicar nuestra energía a políticas y acciones, pero **en cuanto te haces consciente de cómo te comunicas, hay cambios en tu pensamiento y en tu actitud**.

Soy de quienes creen que somos capaces de ejecutar muchas acciones a la vez y dedicarles energía a todas. Muchas de las personas que buscamos expresarnos de manera igualitaria e incluyente trabajamos también en otros ámbitos para tener una sociedad igualitaria e incluyente. Y esto no tiene que ver solo con grandes acciones a nivel de Estado: tiene que ver con modificar la forma en que hablas con tu círculo cercano, los correos electrónicos que envías en tu trabajo, los chats con las familias de la escuela… Ya verás cómo este cambio atravesará muchos aspectos de tu vida.

Algunas definiciones

Para que partamos de una base en común, te dejo a continuación unas cuantas definiciones que considero relevantes al momento de hablar y de aplicar el lenguaje igualitario:

Género.
Expresión de género: es la manifestación individual y externa del género; qué nombre y pronombre usas, cómo vistes, tu corte de pelo, tu comportamiento, tu voz.[4]

Identidad de género: es el sentido interno y profundo del género de una persona. Hay quienes se identifican completamente con el género que se les asignó al nacer (generalmente, femenino o masculino); hay quienes se identifican solo con una parte de ese género o no se identifican en absoluto. Algunas personas se identifican completamente con otro género. A diferencia de la expresión de género, la identidad no es visible para las demás personas.[5]

Género gramatical: muchas palabras en español tienen un género gramatical (por ejemplo, *muchas* y *palabras* son de género gramatical femenino y *español* es de género gramatical masculino), que no está relacionado necesariamente con la identidad o expresión de género. Por ejemplo, en este caso: ni *muchas* ni *palabras* ni *español* [el idioma] se refieren a seres vivientes que tienen identidad y expresión de género.

Sexo. Son las características biológicas (hormonales, cromosómicas, fisiológicas y corporales —como órganos reproductivos internos y externos y características sexuales secundarias—) de una persona. Hace referencia también a los genitales.

En pocas palabras…

Género ≠ Sexo

[4] Glosario de It Gets Better: https://itgetsbetter.org/glossary/ [Consultada: 22 de agosto de 2024].
[5] *Ibidem.*

Hay más sexos que el binario masculino y femenino, así como hay muchos más géneros que solo femenino y masculino. Al nacer, se nos asigna un sexo que suele basarse en la apariencia de nuestra anatomía externa y que muchas veces se confunde con el género.

Binarismo. Entender el mundo a partir de dos alternativas: en cuanto al género como expresión e identidad, y como género gramatical —lo masculino o lo femenino—. Sí, formal o tradicionalmente hablando, se considera que hay un género marcado (el femenino) y un género no marcado o *genérico* (el masculino). Uno de los mayores cambios recientes en la sociedad es entender la identidad y la expresión de género como un espectro, no solo como un punto u otro. Y esta concepción social necesita de palabras y conceptos para ser expresada, de ahí que haya quienes hablan de lenguaje no binario directo[6] o lenguaje incluyente (usar *todes* en lugar de *todos*) y de lenguaje no binario indirecto (*todas las personas*) o de lenguaje igualitario, como yo lo llamo.

Por tanto:

Lenguaje no binario directo = lenguaje incluyente
Lenguaje no binario indirecto = lenguaje igualitario

[6] Más información en https://www.queerterpreter.com/my-research [Consultada: 5 de junio de 2024].

A la primera persona a la que le escuché el término de «lenguaje no binario directo», en 2020, fue a le traductore españole Ártemis López, quien lo utiliza específicamente para el uso de la -e: *Mi amigue es escritore.* Ártemis está escribiendo su tesis precisamente sobre este asunto.

¿MI BEBÉ
SERÁ NIÑA,
NIÑO O
NIÑE?
HAY QUE
INCLUIR
A TODES.
RESPETO
PARA
TODES.

CAPÍTULO 2

Conoce a tu audiencia

¿A quién te diriges y en dónde o en qué plataforma lo haces? Siempre ten en cuenta a la audiencia a la que le estás hablando y qué mensaje quieres comunicar.

En general, identificamos y cambiamos la forma en la que nos expresamos de manera instintiva, dependiendo de la persona a la que le hablemos o a la que le estemos escribiendo. Por ejemplo, si tienes que mandar un mensaje de WhatsApp en el que avisas que no vas a poder llegar a tiempo a una cita, este mensaje cambiará dependiendo de a quién se lo mandes:

*«Amix» o «ámix», depende de cómo lo pronuncies.

Durante mucho tiempo nos dijeron que el masculino genérico funcionaba para cualquier audiencia; pero si, por ejemplo, das clases en algunas universidades, entre el alumnado puede haber quienes no reciban con agrado el uso del masculino genérico. Recuerdo que en la presentación de un libro en el que se criticaba al machismo —la audiencia era mayoritariamente feminista—, una de las ponentes usó masculino genérico durante toda su intervención, lo que provocó críticas entre quienes estaban ahí o, de plano, que sus palabras e impresiones sobre el libro fueran ignoradas o descalificadas.

Hay públicos entre los que sucede lo contrario: el recurrir a desdoblamientos («todos y todas») o triplicamientos («todos, todas y todes») crea un rechazo al mensaje que emite la persona que emplea estos recursos. En el boletín diario que se enviaba a las personas que leían *The New York Times en Español* incluimos un artículo sobre la ansiedad en la adolescencia. La editora escribió que esta emoción afectaba «a los y las adolescentes» y eso bastó para recibir una decena de correos de *nuestros lectores*...

... para pedirnos que no cayéramos en «esas ridiculeces del lenguaje incluyente». También sucede que en muchos materiales educativos o de Gobierno, con la intención de evitar el sexismo, se recurre a estos desdoblamientos y su lectura o escucha acaba siendo cansada o incluso bloqueada, como en ese anuncio radiofónico que habla de que los servidores públicos y las servidoras públicas están comprometidos y comprometidas a erradicar la corrupción entre los ciudadanos y las ciudadanas...

¿Cuáles son tus filtros?

El *registro* es el «filtro» que nos ponemos o nos quitamos dependiendo del grupo al que nos dirigimos. Estoy segura de que no hablas igual ante una audiencia a la que no conoces que ante tu familia o tus amistades de la preparatoria. Sabemos cuándo es pertinente una palabra malsonante o cuándo es preferible guardarse esas palabras que resultan tan efectivas para liberar el dolor o la frustración, o simplemente para darle *sabor* a nuestro discurso.

Así pasa también con las plataformas que empleamos: un mensaje puede variar a partir de dónde lo compartes. No emplearás exactamente las mismas palabras ni la misma estructura para un correo electrónico que para un audio en WhatsApp, o para tu tesis o para el informe anual de tu trabajo.

Por ejemplo, para mí la adaptación del contenido a distintas plataformas es un aprendizaje continuo. La mayor parte de mi vida laboral la he dedicado a escribir textos, revisarlos y traducirlos para que fueran leídos de la manera más adecuada; ¡imagínate lo que significó empezar a escribir guiones para pódcast! Tengo que escribir como hablo o, al menos, de una manera más cercana a la forma en la que hablo, usando un registro coloquial, porque en un pódcast estás buscando ese contacto cercano con alguien que te va a contar una historia. No escribo para que me lean, sino para que me escuchen. Obviamente, cómo estoy escribiendo este libro no tiene nada que ver con uno de mis guiones, porque son distintas plataformas que tienen sus propias necesidades y que dependen de su audiencia. Lo mismo pasa cuando te acercas a una persona o representante de una compañía para hacerle una propuesta de un proyecto en

Instagram. No porque la plataforma parezca informal, tu acercamiento debe serlo. Si escribes un mensaje así:

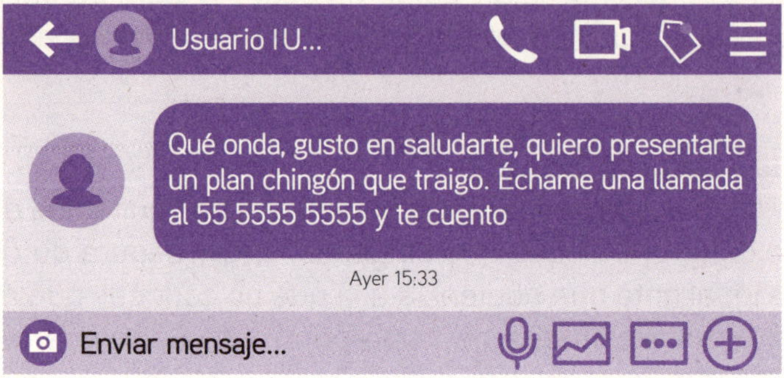

es muy poco probable que te respondan a ese mensaje. Quizá este puede ser uno de tus intentos de acercamiento a esa compañía o a su representante, pero debes preguntarte si es la mejor forma de contacto (quizá te convendría más intentar desde LinkedIn o conseguir el correo electrónico de quien está a cargo del área en la que interesaría ese proyecto que quieres presentar). Además, debes considerar que, aunque seas una persona reconocida, siempre debes presentarte y explicar por qué te estás acercando, dar algunos detalles del proyecto y por qué te parece importante que sea con esa persona o compañía. Lo ideal es que pidas el medio de contacto al que puedes dirigirte (teléfono o correo electrónico) e incluir tu número por si prefieren ponerse en contacto contigo antes de darte su información. Por último, la selección de palabras definitivamente no es la adecuada: muy coloquiales para dirigirte a alguien a quien no conoces. Por todas estas razones, tu mensaje sería desechado.

Pero tu propuesta también podría fracasar si la persona a la que vas a contactar es tu amiga de hace años y le envías un correo electrónico así:

Para:

Cc:

Asunto:

LIC. JULIETA ALEMÁN
PRESENTE

Buenas tardes, mi nombre es Paulina Chavira, asesora lingüística, y por medio del presente desearía concertar una cita con usted para presentarle un plan de comunicación para sus redes sociales, que podría potenciar sus ventas. Le solicito amablemente que me comparta un número telefónico, así como el horario en el que puedo comunicarme con usted, y que determinemos una fecha para reunirnos.

Quedo de usted.
ATENTAMENTE
Paulina Chavira Mendoza

Aunque las palabras que escribí son correctas, no son adecuadas para dirigirme a una persona a la que conozco y a la que le tengo confianza. Si Julieta lo lee, probablemente piense que no soy yo, su amiga de hace años, quien escribió ese correo electrónico porque no *checa* el contexto que hay entre nosotras con el mensaje que estoy enviando. Incluso podría pensar que alguien me hackeó y le está escribiendo en mi nombre.

La palabra clave aquí es que el mensaje sea *adecuado*: **siempre hay que tener en cuenta a quién le o a quiénes les estás hablando, en qué registro y desde qué plataforma**. Si te parecen pertinentes y efectivos para transmitir el mensaje que tienes, ¡adelante! (No necesitas el aval de ninguna academia para hacerlo).

Dime cómo escribes y cómo hablas y te diré quién eres

Nos enseñaron —tanto en la escuela como en nuestra familia— que solo hay ciertas formas de expresión. Como que solo hay que decir «todos» aunque hagamos referencia a un grupo de nueve mujeres y un hombre.

Antes había usos que eran muy comunes, como responder «mande usted» cuando alguien se dirigía a ti, que hoy se utilizan cada vez menos. Hay palabras que se crean porque necesitamos hablar de algo que no existía, como «tuit» para las publicaciones hechas en lo que antes se llamaba Twitter, o palabras que aumentan sus significados, como «ratón», que ya no es solo el roedor, sino también el dispositivo que nos ayuda a desplazarnos en la pantalla de una computadora y seleccionar las acciones que queremos ejecutar.

Claro, estas últimas palabras tienen que ver con tecnología y no hay casi ningún problema con adoptarlas y hacerlas parte de nuestro vocabulario diario, pero no pasa lo mismo cuando hablamos de género. Cuando ponemos en duda que, de verdad, todas las personas *están* o *se nombran* en un «todos», entonces hay quienes ven innecesario cuestionarse si esto es así o no. Créeme, las palabras que usas y cómo las usas hablan mucho de ti: de quién eres, de cuál es tu contexto o cuáles son tus afinidades. Porque sí: la lengua es política. Con la elección de la primera presidenta de México han surgido personas expertas en latín que hablan del participio activo del verbo *ser* y de por qué no podemos decir «presidenta»; mencionan que no andamos por la vida diciendo «cantanta» o «estudianta», que lo que tendríamos que hacer es decir «la presidente».

Resistirse a usar la forma en femenino de este sustantivo variable solo refleja cuánto trabajo nos cuesta ver a una mujer en el poder, porque durante años se han usado palabras como dependienta, parturienta y sirvienta, ¡y nadie se acordó del latín! O seguramente has leído o escuchado en los medios de comunicación que la policía o el ejército *abaten*, no *matan*, a alguien: porque las palabras que elegimos importan. Por eso preferimos usar *bullying* y decir que Juanito *bulea* a nuestra criatura, porque decir que la *acosa* nos pesa más y nos parece más violento. Las palabras que usamos —y las que no— son un reflejo de cómo interpretamos, entendemos y expresamos el mundo. Esto no tiene que ver solo con cómo nos expresamos del género, sino de cualquier ámbito de nuestra vida.

Piensa en las personas con las que te comunicas: hay algunas que usan ciertas palabras que te revelan parte de su historia o cómo piensan. Esto pasa todo el tiempo y con cualquier tema o asunto. Hay ciertas palabras que nos muestran que compartimos conocimientos —como los tecnicismos— o un momento en el tiempo —como los neologismos, *¡y la* *!*— o que tenemos ideas afines, como el uso del lenguaje incluyente.

Las palabras que escoges dicen mucho de ti.

Por eso quiero hablarte de una alternativa que puede funcionarte en casi cualquier circunstancia: la del lenguaje igualitario.

Después de leer muchos manuales, recomendaciones de diferentes organismos nacionales e internacionales, defino al lenguaje igualitario como el conjunto de recursos que nos ayudan a que cualquier persona, sin importar la identificación o expresión de género, la discapacidad que tenga o la etnia a la que pertenezca, sea visibilizada, expresada y nombrada en el discurso oral o escrito.

Tradicionalmente hablando, el español tiene dos géneros gramaticales (masculino-femenino), que *en ocasiones* se corresponden con la identidad y expresión de género de las personas a las que hacen referencia. Como sabes, se nos ha enseñado durante siglos que el masculino es el género no marcado, el que —en teoría— podríamos usar como *neutro*, porque no hace referencia al género… pero en realidad sí hace referencia al género masculino. Así que aquí es donde empieza nuestra ruta hacia una expresión más igualitaria.

El lenguaje igualitario no se limita al género: es una invitación a que reflexionemos sobre todas aquellas mejoras que podríamos hacer para incluir y dar accesibilidad a todas las personas. Entonces sí, al hablar de accesibilidad me refiero a que hay que considerar la publicación de páginas web accesibles a personas ciegas; a incluir a intérpretes con certificación en lengua de señas en los contenidos audiovisuales que hacemos, a siempre describir con texto alternativo las imágenes que subimos a redes sociales que lo permiten o a producir materiales en braille… Hay mucho camino por recorrer y una gran deuda con las comunidades sorda y ciega, pero esto se trata de accesibilidad y no de inclusión, como ya te conté.

Claro que cuando ponemos en práctica el lenguaje igualitario, especialmente si lo hacemos como un ejercicio de reflexión, empezamos a identificar la discriminación que a veces ejercemos con la manera en la que hablamos. Como te digo: **no solo es una cuestión de género, se trata de vernos, expresarnos y entendernos como personas antes que los otros adjetivos que nos acompañan**. Las palabras en muchas ocasiones nos llevan a la acción.

Esto es como una gradación o progresión: los pequeños pasos nos llevan a grandes cambios.

¿Qué debes considerar para expresarte de manera más igualitaria?

La lengua es un músculo, y hay quienes dicen que el cerebro, uno de los órganos más importantes, también. Por lo tanto, como músculos, requieren de cierto entrenamiento para mantenerse activos y en su mejor estado. Esto también aplica al referirnos a la expresión oral o escrita: hay que practicar mucho —*arrastrar el lápiz* decían antes, quizá ahora quede mejor *golpear la tecla* o *mover los pulgares*— para cambiar aquello que llevamos años usando o para afinar la manera en que nos expresamos.

Mucho del conocimiento «formal» que tenemos del español (qué es un sustantivo, cuáles son las reglas de acentuación, qué tipos de oración hay) lo aprendimos en la educación primaria cuando teníamos entre 7 y 12 años. Me parece que en gran parte nos quedamos con la idea de que eso que aprendimos hace muchos años no cambia ni cambiará… pero no es así. Pienso en cómo, desde 1959, la Asociación de Academias de la Lengua Española (ASALE) recomendó que dejáramos de acentuar *fue* para distinguir si se usaba como una forma del verbo *ser* o del verbo *ir*, ¡y eso no se supo en mi primaria a finales de los años 80! Pero hoy no se enseña a colocar esa tilde. Así como cambian las reglas de acentuación, cambian las palabras que usamos (a inicios de los años 90 nadie en mi salón sabía qué era *internet*, ¡imagínate!).

Si nos enfocamos en el uso del masculino genérico, desde nuestra infancia (incluso antes de la educación básica) nos han dicho una y otra vez que, por ejemplo, en el salón de clases, al decir «Todos los niños que acaben el trabajo saldrán al recreo» se espera que *entendamos* e *interpretemos* que se incluye también a las niñas, aunque ahí claramente se habla de los niños. Como dice la filóloga española Teresa Meana:[1] así se desarrolla la intuición femenina, porque quienes nos identificamos con este género aprendemos a *interpretar* o «a adivinar por el contexto» cuándo ese masculino *genérico* nos incluye y cuándo no.

Especialmente ahora, algunas adolescencias e infancias son muy conscientes del lenguaje y de cómo las palabras las expresan o no. Recuerdo a Andra, quien hace un par de años pidió en sus clases que se dirigieran a elle como *compañere*, pues precisamente se identifica como una persona no binaria. Contó que cada vez que empezaba un curso, se reunía con su profesor o profesora para decirle que usaba el pronombre *elle* y que, si tenía dudas, podía explicarle. Eran tiempos de clases en línea y, a pesar de que Andra ponía su pronombre al lado de su nombre, quienes tomaban clases con elle no le llamaban *compañere* «porque eso no existe». ¿No existe porque no nos lo enseñaron, porque no nos gusta o porque no lo entendemos? En gran medida nuestra resistencia a los cambios en la lengua se basa en que no comprendemos que esa es su naturaleza, que la lengua nos sirve para nombrar y explicar lo que vivimos y pensamos.

Se hace necesario reflexionar sobre la forma en la que enseñamos, aprendemos y nos acercamos a la lengua. ¡Imagínate lo que sería si desde la educación primaria no nos dijeran que la única forma que hay es la del masculino genérico o que podríamos hacer una marca de género neutra! Habría que enseñar también que la lengua está cambiando todo el tiempo —como

[1] Puedes ver este fragmento de la entrevista que Sindy Takanashi le hizo a Teresa Meana en el videopódcast *Queridas hermanas*: https://www.tiktok.com/@soysindytakanashi/video/7350627669475642657?lang=es.

lo ha hecho siempre— y que, como sus hablantes, correspondería que estuviéramos al tanto de qué nuevos usos hay, o de que no existe una forma única de escribir o expresar algo: el español es una lengua que nos ofrece muchísimas posibilidades para expresarnos, más allá de la única que nos enseñaron. Para muestra, esta frase (en la que en principio uso masculino genérico):

A los mexicanos les gusta mucho el futbol, nos sentimos muy orgullosos de nuestros futbolistas.

Que podemos modificar así:

En México nos gusta mucho el futbol, sentimos mucho orgullo por quienes lo juegan aquí.

O:

A las personas de México les gusta mucho el futbol, sienten mucho orgullo por quienes lo juegan.

O:

A quienes somos de México nos gusta mucho el futbol, sentimos mucho orgullo por quienes nos representan en este deporte.

O:

En México nos gusta mucho el futbol y quienes lo juegan nos dan mucho orgullo.

Solo es cuestión de que «te salgas de la caja».

Ahora bien, mientras intentas expresarte de manera igualitaria hay que tener en mente que

es una cuestión de práctica...

... y de creatividad. ¿Por qué? Porque necesitamos buscar nuevos caminos de expresión, caminos originales o poco «transitados» pero igualmente efectivos. Se trata en gran parte de crear nuevas conexiones que ahí están, pero nunca utilizamos. Es como cuando nos aprendemos una ruta que una vez nos funcionó para llegar a un lugar y que no siempre lo hace (es posible que estén arreglando una calle o que haya un coche descompuesto o un bache monumental); siempre hay alternativas. Eso mismo sucede con la manera en que nos expresamos. Lo mejor es que sigue siendo efectiva... ¡y nos permite llegar a nuestro destino!

La práctica lo es todo

Aprender a concordar de acuerdo con los pronombres o a expresarte en lenguaje igualitario en general es como ejercitarte: mientras más practiques, más afinarás tu habilidad para escribir o hablar, te descubrirás ampliando tu vocabulario o encontrando nuevas formas para decir algo que, en otras circunstancias, siempre habías dicho de una sola manera (usando masculino genérico).

Hemos seguido la misma ruta para comunicarnos durante tanto tiempo que el solo hecho de pensar en, por ejemplo, dejar de usar el masculino genérico suele provocar un vacío en el estómago y un nudo en la lengua que hace parecer que es imposible siquiera intentar esta tarea. Bueno, puedo asegurarte que con práctica lo conseguirás.

Así como cuando tuviste que entregar tu primer reporte en el trabajo o tu primer ensayo escolar y te tomó mucho tiempo organizar la información, decidir qué palabras usar, cuál era la mejor manera de estructurar el contenido, bueno, también así puede ser cuando intentes expresarte de manera igualitaria e incluyente. Costará un poco de trabajo al inicio, pero no quiere decir que siempre será así o que es imposible.

Mi recomendación es que empieces con tu comunicación escrita. Al redactar siempre tenemos la posibilidad de escoger y cambiar una expresión por otra más adecuada. A veces, incluso, podemos reflexionar sobre qué palabra es la más indicada. Este tiempo para pensar (en ocasiones es menos de un minuto, pero eso ya es algo, créeme) es el que vas a aprovechar para seguir una nueva ruta, para encontrar una alternativa que no sea la del masculino genérico.

¿Vas a compartir alguna publicación en una red social, como X, antes Twitter? Es ahí donde puedes empezar: intenta que los mensajes que compartas no tengan marcas de género. Es más fácil que empieces con textos breves; después, inténtalo con textos más largos, quizá un correo electrónico o en un resumen ejecutivo. A medida que empieces a encontrar nuevos caminos, estos se volverán conocidos y te costará menos trabajo transitarlos.

Toma como base el siguiente ejemplo:

¿En qué debes fijarte?

1. Lee este mensaje.

¡Hola, alumnos! Les recuerdo que todos deben entregar la investigación sobre los aztecas el lunes. Los veo a las 9:00 a. m., ¡buen fin de semana!

2. ¿Qué es lo que tendrías que cambiar?
Fíjate en las palabras en negritas.

¡Hola, **alumnos**! Les recuerdo que **todos** deben entregar la investigación sobre **los** aztecas el lunes. **Los** veo a las 9:00 a. m., ¡buen fin de semana!

Más adelante te tocará poner en práctica cómo cambiar este tipo de oraciones de manera que no uses marcas de género (que en este caso están en masculino), pero de momento me parece importante que vayas identificando el tipo de palabras a las que debes prestar atención. Lo que aplicarás en la escritura también podrás trasladarlo a tu comunicación oral.

Ten paciencia: durante toda tu vida te han dicho que solo existe una forma de comunicarse, pero conforme te hagas más consciente de cómo hablas y cómo escribes, verás que es más sencillo hacerlo de manera igualitaria. Así que... ¡manos (y lengua) a la obra!

él
Hola
MI PRONOMBRE ES:
Elle
SEXO: X
elle
ella

CAPÍTULO 4

Avanzando hacia un uso no binario de la lengua

CAPÍTULO 3

Cómo expresarte de manera más igualitaria

¿Qué pronombre(s) usas?
Seguro has visto en las firmas de correos electrónicos que cada vez hay más personas que incluyen entre paréntesis *she/her/hers*, que traducimos al español como *ella*.

Los pronombres personales son esas palabras que usamos en lugar del nombre propio o común que hace referencia a una persona. Por ejemplo:

> *Natalia es muy divertida;* ***ella*** *siempre cuenta los mejores chistes.*

Ella es el pronombre personal que usamos en lugar de *Natalia*. A partir del pronombre personal podemos definir cómo haremos la concordancia gramatical, es decir, en este caso:

> *Natalia* es un nombre propio de género gramatical femenino; esta persona llamada así tiene una orientación y una expresión de género femeninas.
>
> Por lo tanto, cualquier adjetivo (*divertida*), artículo (*la, una*) o participio deben concordar en femenino.

Tradicionalmente, en español hay pronombres personales de género gramatical masculino (él) y de género gramatical femenino (ella).

Sin embargo, y como veremos más adelante, se usa el pronombre *elle* para las personas no binarias, que son quienes no se identifican (o no solamente) con el masculino o con el femenino.

En este caso, la concordancia se hará algunas veces con la *-e*. Ya te explicaré más adelante cuándo sí y cuándo no, pero funciona exactamente igual que cuando haces una concordancia en femenino o en masculino.

¡Todas las personas usamos pronombres!

Conocer el pronombre de la persona con la que te estás comunicando facilitará cómo le escribes o le hablas, sin que tengas que asumir o imponerle el género con el que tú consideras que se identifica. Es igual a preguntarle a alguien con dos nombres si prefiere que le llames solo con uno, con los dos o con ninguno, quizá prefiere un apodo. Hay quienes utilizan dos pronombres (por ejemplo: *él* y *elle*) o tres —y es válido, cómo de que no—; **cada quien se nombra como quiere.**

¿Cómo explicitar tu pronombre? En el caso del correo electrónico, en tu firma o en la misma dirección que aparece en cada uno de los correos que mandas puedes hacerlo así:

En Google, en Configuración, selecciona el apartado de Cuentas e Importación. En Enviar Como puedes escribir qué nombre quieres que aparezca en cada correo que envías. Yo puse mi pronombre al final: Paulina Chavira Mendoza (ella) <xxxxxxx@gmail.com>.

En tu trabajo, puedes acercarte al Departamento de Informática para que te ayuden a incluir el pronombre que usas en tu nombre en el directorio.

También lo puedes especificar en tu estado de WhatsApp o en las bíos de tus redes sociales.

De igual modo, podríamos acostumbrarnos a que cuando conocemos a alguien le preguntemos qué pronombre usa, así como le preguntamos qué nombre prefiere. Cuando doy cursos de ortografía y redacción o de lenguaje incluyente, siempre les pido a quienes lo van a tomar que se presenten y me digan qué pronombre o pronombres usan. Últimamente, les reparto estampas para que escriban el nombre con el que quieren que se les llame, así como el pronombre que usan. O como le pasó a un amigo trans, que, al llegar de emergencia a un hospital, le preguntaron su nombre y su pronombre. Estaba supersorprendido de que lo hubieran hecho y de que cualquier integrante del personal médico y de enfermería se dirigiera a él en masculino, como pidió —porque tristemente hay muchas personas a las que no las llaman como ellas quieren—.

El compartir qué pronombre/s usamos comenzó a implementarse a finales de la década de 2010, en especial en Estados Unidos, donde se fomentó que en muchas empresas, escuelas y universidades las personas dijeran qué pronombre preferían para evitar las inferencias y precisar las comunicaciones. A quienes trabajábamos en *The New York Times* en 2017, se nos pidió incluir nuestros pronombres en nuestra ficha de información y de contacto, así como en la firma de nuestro correo electrónico.

Como esta práctica se hizo popular en inglés, al *traducirlo* al español muchas personas creen que hay que poner varias palabras en el apartado de pronombres, pero no es así:

Hello, my name is:	Hola, mi nombre es:
Oli My pronouns are: **They/them/their**	Oli Mi pronombre es: **Elle**

En español solo es necesario que pongas el pronombre en singular, nada más. En nuestra lengua no concordamos los posesivos a partir del género (ni del gramatical ni de la identificación de género), pero sí los artículos y los adjetivos.

Como ya te decía, al conocer qué pronombre usas, también sabremos cómo concordar todos los demás elementos.

Hasta luego, masculino genérico

El primer gran cambio —y el que parece (¡pero solo parece!) un gran reto— es el de dejar de usar el masculino para referirse a un conjunto de personas, ya sea conformado por quienes se identifican con el género femenino y masculino, o para hablar de alguien cuya identidad de género no quiere que sea especificada.

Tal vez al leer esto te parezca una tarea casi imposible de lograr. ¡Siempre hemos usado el masculino! Pero, como te decía, necesitamos ejercitar nuestro músculo lingüístico y esta es la mejor manera de empezar.

El primer paso a seguir es que identifiques los masculinos que usas al hablar:

> ¿Te estás refiriendo a alguien que tiene una identificación de género?
>
> - Sí: entonces aquí está tu nueva área de trabajo.
> - No, me estoy refiriendo a cosas, lugares, sentimientos: en ese caso, el masculino se mantiene.

Es muy importante destacar que no se trata de erradicar al masculino y nunca más volver a usarlo. No. Seguiremos empleando el masculino para personas que tienen esa identidad o expresión de género y para los sustantivos (que no hagan referencia a seres vivientes, como *el carro*, *el sope*, *el enojo* o *el pueblo*) de género gramatical masculino, como sucede con el femenino.

Tu tarea ahora es identificar aquellas veces en las que usas el masculino para referirte en general a un grupo, por ejemplo: «Todos los niños están emocionados porque se acercan las vacaciones».

En español, concordamos el género gramatical de los artículos, los adjetivos y los participios a partir del sustantivo. También el sustantivo (o nombre) nos sirve para concordar en número, es decir: si está en singular o plural, con lo que también sabremos en qué persona conjugaremos los verbos, si corresponde.

Vamos a viajar en el tiempo y recordar tus clases de primaria. La maestra Tere te pide que hagas el análisis gramatical de esta oración:

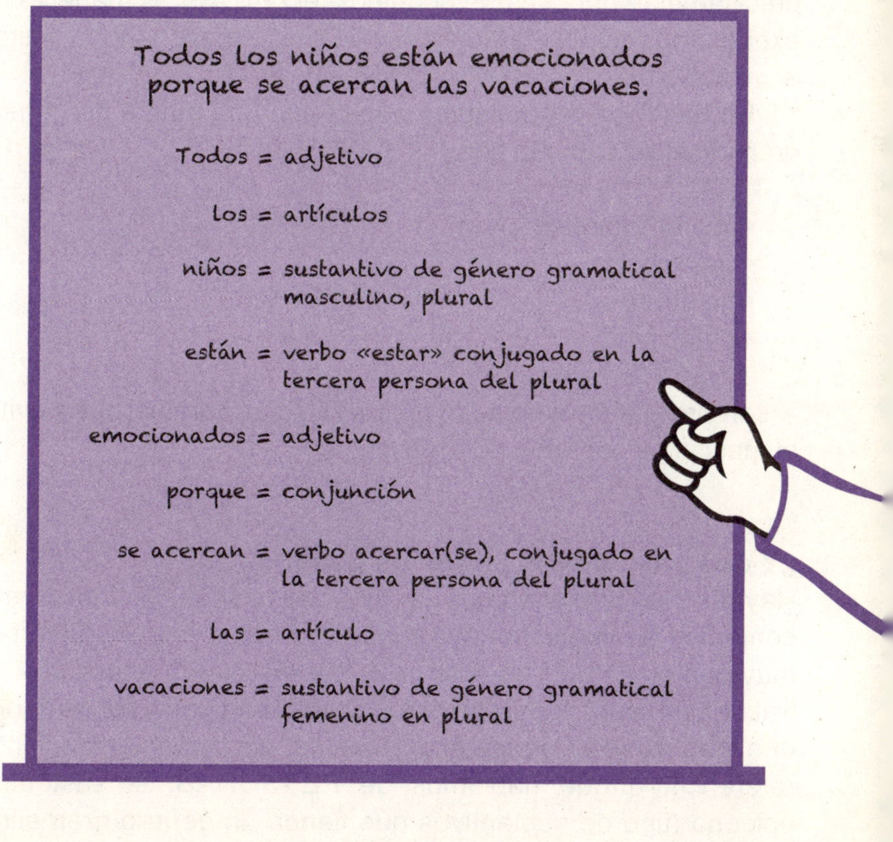

Niños es el núcleo del sujeto y es el sustantivo animado que marca cómo haremos la concordancia en la primera parte de la oración. Como es un sustantivo de género gramatical masculino en plural, el artículo (*los*) y los adjetivos (*todos*, *emocionados*) concuerdan en masculino y plural, y el verbo en plural. La concordancia de la segunda parte de la oración se marca a partir del sustantivo inanimado *vacaciones*, que es de género gramatical femenino y está en plural.

En este caso, ponemos la atención en el sustantivo animado *niños*, en el que *todos, los*, *niños* y *emocionados*, en teoría, hacen referencia a un grupo que puede estar compuesto también por niñas… y niñes —de las infancias no binarias hablaremos más adelante—, aunque así, a simple vista, no se vean ahí. Es precisamente por eso que podemos recurrir a otras maneras de expresarnos que hacen más amplio a ese grupo y no lo limitan al masculino.

En resumen, las palabras que tienen una marca de género gramatical en español son:

- sustantivos (algunos)
- artículos
- adjetivos
- participios

Y son precisamente estas las que hay que cambiar para evitar el masculino genérico por defecto.

¿Y qué pasa con el femenino genérico?

Hay muchas personas que, en lugar de usar un «Estamos muy contentos de que esto haya sucedido» optan por un «Estamos muy contentas de que esto haya sucedido», en especial si se trata de un grupo conformado en su mayoría por quienes tienen una identificación de género femenina, pero también haciendo referencia a que hablamos de PERSONAS, el sustantivo epiceno (tipo de sustantivos que tienen un género gramatical que no necesariamente se corresponde con la identificación o expresión de género del ser al que hacen referencia; en muchos casos hay que especificarlo) de género gramatical femenino.

¿Lo puedes usar? ¡Claro que puedes! (No es que necesites mi permiso ni el de nadie, por cierto). La única determinante será si se ajusta a tus necesidades de comunicación. Pero, ortográfica y gramaticalmente hablando, está bien formado.

En mis clases de yoga, la mayoría de las participantes nos identificamos con el género femenino, por eso es común que mi maestra dé las indicaciones en femenino genérico: «Ya que estamos sentadas, vamos a hacer un giro hacia el lado derecho. Si alguna se siente mareada, por favor, dígamelo».

También en 2018 se dio todo un debate en España pues, por primera vez en la historia de ese país, once mujeres y seis hombres eran parte del gabinete, conocido también como Consejo de Ministros. Entre la gente y en los medios de comunicación se empezó a cuestionar si no sería momento de hablar de un Consejo de Ministras, ya que quienes se identificaban con el género femenino eran mayoría en ese grupo. Incluso entonces, la Fundación del Español Urgente (Fundéu), que es parte de la agencia estatal de noticias española, EFE, escribió una entrada en su blog al respecto en la que argumentaba que no había ninguna razón para considerar incorrecto ese femenino genérico. (Desafortunadamente, en 2021 la RAE adquirió a la Fundéu, y todas las entradas y las recomendaciones sobre lenguaje incluyente *desaparecieron* de su sitio, así como la *Guía de lenguaje inclusivo* que habían publicado).

Recomendaciones para aplicar el lenguaje igualitario

Para evitar el masculino genérico y expresarnos de manera igualitaria, de modo que cualquier persona se sienta vista, escuchada y representada, se pueden seguir los siguientes pasos:

#1 Hay más de una manera de decir o de escribir una idea

La vigésima tercera edición del *Diccionario de la lengua española*[1] tiene más de 93000 entradas, pero de ninguna manera ese es el total de palabras que existen en nuestra lengua. Recuerda que no solo nos comunicamos con las que se encuentran en los diccionarios: ¡hay muchas más palabras y podemos usarlas en diferentes registros!

Contamos con una gran variedad de alternativas para expresar una idea; claro, algunas son más comunes que otras, pero lo que me parece importante que sepas es que **no existe solo una forma de expresar algo**.

Evita la ruta que siempre sigues al redactar, en especial, en lo que se refiere al uso del masculino genérico. En la frase mencionada (*Todos los niños están emocionados porque se acercan las vacaciones*), recurrir al masculino genérico es el camino conocido, el que nos han enseñado y el que nos han dicho que es el único… pero no es así.

Atajo 1. Usa sustantivos colectivos o abstractos

Los sustantivos colectivos son aquellos que se refieren a un conjunto, en este caso, de seres animados semejantes: *familia*, *gente*, *ciudadanía*, *pueblo*, *grupo*, *comunidad*, *profesorado*, *equipo*, *policía*, *ejército*, *plantilla*, *abogacía, público*…

Este tipo de palabras posee un género gramatical que no tiene relación con la identificación o la expresión de género de quienes forman parte del conjunto.

[1] Esta fue la última edición impresa de ese diccionario. A partir de finales de 2014 todas las actualizaciones se hacen en formato electrónico.

Entonces, en el ejemplo de *Todos los niños están emocionados porque se acercan las vacaciones*, puedes escribir:

> *Las infancias están emocionadas porque se acercan las vacaciones.*

O:

> *Hay emoción entre las infancias porque se acercan las vacaciones.*

Cabe mencionar que *infancia* puede ser un **sustantivo colectivo**, definido[2] como el «conjunto de las personas de esa edad» comprendida entre el nacimiento y la adolescencia, o un sustantivo abstracto: aquellos que se refieren a lo inmaterial, lo

[2] *Diccionario del español de México* (2024), México: El Colegio de México.

intangible y lo imperceptible, sean cualidades, acciones, procesos o estados, tales como *emoción*, *pensamiento*, *deseo*, *tranquilidad*, *orgullo*, *alegría*, *lucha, niñez*…

Vayamos por pasos. Por ejemplo, en lugar de escribir:

> *Los orgullosos graduados salieron a festejar que obtuvieron su título.*

Usando un sustantivo abstracto puede cambiar a:

> *Los graduados sentían* ***orgullo*** *y salieron a festejar que obtuvieron su título.*

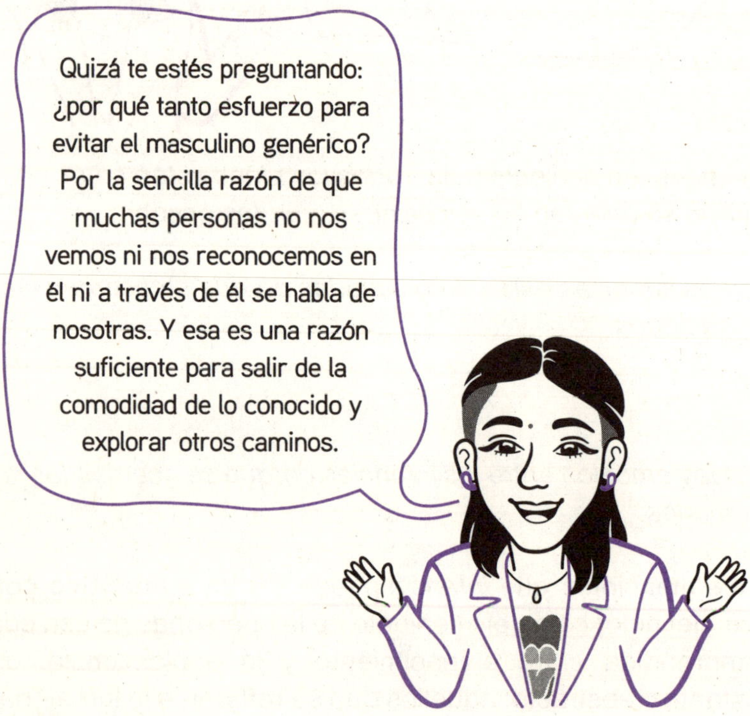

Siguiendo con el ejemplo, ¿y qué hacemos con *los graduados*? Bueno, pues…

Atajo 2. Usa *que*, *quien*, *quienes*

En este caso recurrimos a palabras clasificadas como **pronombres relativos**, que nos ayudan a hacer referencia a alguien que ya se mencionó o que no se ha mencionado explícitamente. Tanto *que* como *quien* y *quienes* no tienen una marca de género gramatical exclusiva.

Entonces, volviendo a la frase del ejemplo *Los orgullosos graduados salieron a festejar que obtuvieron su título*, puedes escribir:

> *Quienes se graduaron sentían orgullo y salieron a festejar que obtuvieron su título.*

Pero esta no es la única forma de escribir dicha idea. Acá otras alternativas:

> *El orgullo que sentían quienes se graduaron les llevó a festejar que obtuvieron su título.*

> *Con orgullo, quienes se graduaron salieron a festejar que obtuvieron su título.*

> *Quienes se graduaron, con orgullo, salieron a festejar que obtuvieron su título.*

Hay matices, por supuesto, pero me gustaría que notes cuántas maneras hay para expresar una idea y que estos matices pueden ajustarse a lo que quieres comunicar.

El uso de *que* y *quienes* es muy útil cuando hablamos de grupos conformados por personas con diferentes identidades y expresiones de género:

> Los participantes → **quienes** participan; las personas **que** participan/participaron/participarán

> Los votantes → **quienes** votan/votaron/votarán; las personas **que** votan/votaron/votarán
> Los deportistas → **quienes** hacen deporte, **quienes** practican un/este deporte; las personas **que** hacen/practican deporte
> Los estudiantes → **quienes** estudian; las personas **que** estudian

En estos casos no hay una marca de género que limite a quien lee o escucha a imaginar o pensar en un hombre, sino que hay posibilidad de que cualquier persona, con la identidad o expresión de género que sea, quepa en esa descripción.

Atajo 3. Los verbos también son tus aliados

Cuando estaba escribiendo el primer párrafo del Atajo 2, pude haber escrito:

> *... que nos ayudan a hacer referencia a alguien que ya se mencionó o que no ha sido mencionado...*

(Dime que no te imaginaste a un hombre cuando leíste esto).

Pero no lo hice, porque para evitar el masculino «genérico» de *mencionado* —participio de mencionar—, lo que hice fue recurrir a otra forma de dicho verbo:

> *... a alguien que ya se mencionó o que no se ha mencionado.*

Retomando el ejemplo de «los orgullosos graduados»:

> *Quienes se graduaron, con orgullo, salieron a festejar que obtuvieron su título.*

O la alternativa ya propuesta del ejemplo de las vacaciones:

Había emoción entre las infancias porque se acercan las vacaciones.

Atajo 4. ¿A quiénes te estás dirigiendo?

¿Recuerdas cuando te enseñaron cómo conjugar un verbo? Uno de los factores para determinar cómo se conjuga es la persona que realiza la acción:

Persona	Singular	Plural
Primera	***Yo***	**Nosotras, nosotros, nosotres**
Segunda	***Tú***	***Ustedes***
Tercera	**Él, ella, elle**	**Ellas, ellos, elles**

Las palabras ***destacadas*** son las que no tienen una marca de género gramatical y pueden ser muy útiles si quieres emplear el lenguaje igualitario, en especial, cuando te comunicas con grandes audiencias, en las que es imposible saber con qué género se identifican las personas a las que te diriges.

Por ejemplo, yo decidí usar la segunda persona del singular para escribir este antimanual, aunque en gran parte lo hice porque me gustaría que sintieras esta cercanía que yo ya siento contigo por el solo hecho de que estés leyendo estas páginas.

Atajo 5. *Les* invito

Aunque podría considerarse un error, pues se supone que *le* y *les* solo deben usarse para los complementos indirectos, recurro a las palabras del reconocido especialista mexicano en tipografía y diseño editorial Jorge de Buen Unna: «La gramática es democrática», por lo que un uso antes censurado puede convertirse en el común a fuerza de utilizarlo.

Y esto ha sucedido especialmente con *les*, pues se ha convertido en un recurso para evitar el masculino genérico cuando nos dirigimos a una audiencia conformada por personas con diferentes identificaciones de género. Entonces en lugar de decir: *Los quiero mucho* se puede decir *Les quiero mucho.*

Cabe mencionar que este uso «incorrecto» ha estado presente incluso antes de que surgiera la conciencia de que podríamos expresarnos sin utilizar el masculino genérico. Se considera «incorrecto» porque en sus orígenes latinos este pronombre no tenía esa función. ¡Pero la lengua evoluciona y se adapta a nuestras necesidades!

Hace tiempo una persona me escribió para pedirme ayuda: iba a dar una plática y no sabía cómo iniciarla. ¿Debía decir «Bienvenidas y bienvenidos»? ¿Solo «Bienvenidos»? ¿«Bienvenidas, bienvenidos y bienvenides»? En gran parte la decisión estaba en su audiencia: qué saludo esperaría de ella. Pero precisamente *les* le ofrecía una gran solución: *Les doy la bienvenida.*

#2 Identifica el tipo de sustantivo

¿Sabías que hay cinco tipos diferentes de sustantivos? Esta diferenciación se hace en cuanto al género gramatical y nos ayuda a identificar cómo se hará la concordancia de la que ya te hablé antes. Recuerda: es a partir del sustantivo que sabemos cómo concordar artículos, adjetivos y participios. Conocer la clasificación de los sustantivos nos indica qué hay que hacer con ellos.

Tipos de sustantivos:

a) ambiguos
b) comunes en cuanto al género
c) heterónimos
d) epicenos
e) variables

Pero he aquí una advertencia: que un sustantivo pertenezca a uno de los tipos de esta clasificación no está escrito en piedra. Los sustantivos a veces cambian de clasificación según cómo se utilicen. Hay algunos que hace unos años eran comunes en cuanto al género y hoy son variables... y no pasa nada: es básicamente lo que sucede todo el tiempo con la lengua.

Es muy importante que sepas que, en materia de lenguaje igualitario y lenguaje incluyente, los relevantes son los sustantivos que se refieren a seres vivientes (que pueden tener una identificación y expresión de género). O sea que, retomando el meme de «Cuando pides sopa con lenguaje inclusivo»:[3] no, ni las sopas ni los sopes son seres vivientes ni tienen identificación de género. Así que seguirán siendo sopas... o sopes.

Por eso no me detendré en los sustantivos **a) ambiguos**, que son los que pueden usar el género gramatical femenino o masculino sin que cambie su significado, como *el/la covid*, *el/la sartén*, *el/la maratón*, *el/la azúcar*. Como puedes ver, la mayoría de los ambiguos se refieren a seres inanimados.

¿Pero cómo saber ante qué tipo de sustantivo estás? Es curioso, pero nuestra herramienta en este caso será ni más ni menos que el *Diccionario de la lengua española* (DLE) editado por la Asociación de Academias de la Lengua (ASALE); tanto la versión en línea (www.dle.rae.es) como la edición impresa nos sirven.

Estos son los elementos con los que te vas a encontrar cuando busques una palabra en este diccionario:

[3] Si tienes curiosidad de saber a lo que me refiero, te invito a entrar a este enlace: https://twitter.com/wereverwero/status/1431084435328405506?lang=es

mar ← ESTA ES LA PALABRA QUE BUSCASTE.

ESTA ES LA ETIMOLOGÍA O DE DÓNDE VIENE LA PALABRA.

Del lat. *mare*

ESTA ES LA ABREVIATURA DE MASCULINO O FEMENINO.

1. m. o f. Masa de agua salada que cubre la mayor parte de la superficie terrestre.
2. m. o f. Cada una de las partes en las que se considera dividido el mar. *Mar Mediterráneo, Cantábrico.* ← EN LETRA CURSIVA ESTÁN LOS EJEMPLOS
3. m. o f. Lago de cierta extensión.
4. m. o f. Agitación misma del mar o conjunto de sus olas, y aun el tamaño de estas.
5. m. o f. Abundancia extraordinaria de ciertas cosas. *Lloró un mar de lágrimas.*

ESTAS SON LAS DEFINICIONES QUE HAY REGISTRADAS DE LA PALABRA QUE BUSCASTE (1 A 5)

En este caso, esa m. o f. significa que se trata de un sustantivo que puede usarse en masculino o femenino, es decir: un sustantivo ambiguo. Tanto en estas abreviaturas como en la forma en la que aparece la palabra que buscaste es en lo que te tienes que fijar. En la explicación de las clasificaciones de sustantivos te diré cómo reconocer de qué tipo es.

Otra advertencia: esta es solo una guía de cómo identificarlos, pues como te decía, hay sustantivos que cambian de clasificación y el *DLE* no siempre actualiza esos cambios de inmediato, pero digamos que este es un buen acercamiento que resolverá la mayor parte de tus dudas sobre los tipos de sustantivos.

b) Sustantivos comunes en cuanto al género

Son aquellos en los que el género gramatical y la expresión de género del ser animado al que se refieren se marca a partir de artículos, adjetivos y participios; es decir: el sustantivo es exactamente el mismo en caso de que te refieras a alguien que se identifica con el género femenino o con el género masculino o con el no binario (para saber más sobre este último, ve a la página 99).

Ejemplos de sustantivos comunes en cuanto al género son: *periodista*, *cónyuge*, *astronauta*, *policía*, *modelo*, *titular*, *profesional*... En todos estos casos, la forma en la que se marca el género gramatical, en correspondencia con la identificación y expresión de género, es a partir de artículos, adjetivos y participios que acompañan al sustantivo:

***La intrépida** astronauta abordó el cohete sin dudarlo.* → Aquí hablamos de una persona con identificación de género femenina

***El** estudiante está **comprometido** con la elaboración de su tesis.* → Aquí hablamos de una persona con identificación de género masculina

¿Cómo identificar un sustantivo común en cuanto al género en el *DLE*?

futbolista

1. m. y f. Jugador de fútbol.

Los sustantivos comunes en cuanto al género aparecen en el diccionario así, con una sola palabra de búsqueda y con las abreviaturas **m. y f.**, que significan que el sustantivo se puede usar en masculino **y** en femenino.

La *futbolista* **habilidosa** *ha anotado 12 goles.*

El *futbolista* **lesionado** *pasará dos semanas en recuperación.*

Como puedes ver, las terminaciones de este tipo de sustantivos varían: *-ista* y *-nte* son las más comunes; pero tengo que decirte que el que una palabra tenga una terminación no significa que eso determina que sea de cierto tipo de sustantivo.

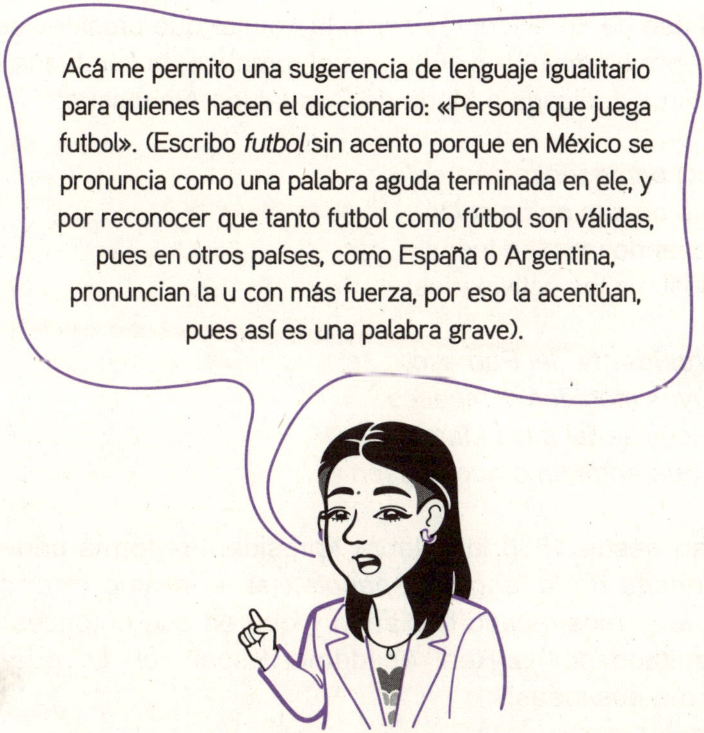

Quizá ya te estás preguntando sobre el caso de «presidenta». Me detengo en este punto porque hay mucha desinformación alrededor del femenino de este sustantivo. Hay quienes dicen que «presidente» procede del participio activo del latín del verbo *ser* y que no debe tener una terminación para el género gramatical femenino…

Ojito

El participio activo del verbo ser en latín es «eseyente», no «ente».

Y, bueno, así es en latín… PERO EN EL SIGLO XXI HABLAMOS ESPAÑOL (¡no latín!).

El uso de «presidenta» como la «mujer que preside» se registra, por ejemplo, ¡en 1689!, en el romance de sor Juana Inés de la Cruz dedicado a María de Guadalupe Alencastre:

> (…) *primogénita de Apolo,*
> *que de sus rayos solares*
> gozando las plenitudes,
> mostráis las actividades;
>
> ***presidenta*** *del Parnaso,*
> *cuyos medidos compases*
> *hacen señal a las Musas*
> *a que entonen o que pausen* (…)[4]

Incluso desde 1803 la palabra «presidenta» forma parte del *Diccionario de la lengua española,* ¡sí, el mismo diccionario del que hemos estado hablando y que en ese entonces solo era editado por la Real Academia Española![5] Lo que nos confirma dos ideas:

1. El español viene del latín, pero no es latín, así que las palabras que tienen ese origen no pueden regirse con esas normas, sino con las actuales. Se reconocen las raíces, mas estas no limitan el desarrollo de nuestra lengua.
2. El español se adapta a la realidad: se necesitaba nombrar a las mujeres que presiden y nada impedía formar ese femenino en español, así que se formó *presidenta*. Qué mejor que usar un femenino si nos referimos a alguien que tiene esa identificación de género.

[4] Sor Juana Inés de la Cruz (1689). *Obras completas. I. Lírica personal*, México: CORDIAM.

[5] Bueno, reconozcamos que, aunque la edición actual de esta obra está a cargo de la Asociación de Academias de la Lengua Española (ASALE), es la voz de la RAE la que más pesa: tan es así que hay muy pocas palabras marcadas como españolismos y, en cambio, muchísimas marcadas como americanismos o mexicanismos o argentinismos.

¡Nada está escrito en piedra!

Hay sustantivos que durante mucho tiempo se usaron solo como comunes en cuanto al género porque, en la mayoría de los casos, no había mujeres que los desempeñaran, como:

- fiscal
- juez
- piloto
- albañil

Pero con el tiempo, cada vez hay más mujeres que encabezan fiscalías o juzgados, hay mujeres que conducen autos o vuelan aviones, o que construyen. Es común que empiecen a usarse en femenino y, por lo tanto, esos sustantivos que antes eran comunes en cuanto al género hoy son variables (para saber más sobre estos, ve a la página 129): fiscala, jueza, pilota y albañila.

Pero ¿qué pasó con *portavoza*? En 2018 una política española dijo en un discurso «… hay una reunión con diferentes portavoces y portavozas del grupo parlamentario…» y las redes sociales se incendiaron: ¿cómo que portavozas! Bueno, eso puede pasar: quienes hablamos la lengua la creamos, la moldeamos y podemos modificarla. ¿De qué depende que el uso de una palabra se asiente o no? De que la usemos y la aceptemos quienes hablamos dicha lengua, pero también depende, en gran medida, de que la palabra esté bien formada.

¿Cómo podemos saber si puede formarse o no una palabra?

Básicamente siguiendo las normas ortográficas y las normas de la morfología (que es la que estudia la estructura de las palabras y cómo se forman; en una de sus ramas se observan los procesos para crear nuevas palabras). Por ejemplo, siempre se escribe *b* o *p* después de *m*, o se escribe *v* después de *n.*

Busqué a la filóloga Judith González Ferrán, a quien conocí cuando trabajaba en *The New York Times en Español*. Entonces, ella era integrante de la Fundéu. Por esas fechas se dio la declaración de las «portavozas». Le pregunté cómo podemos saber si esa palabra era válida o no. «Normalmente son las normas de la morfología, cuestiones como la combinación de los prefijos, los derivados» los que determinan que se pueda usar o no. «Portavozas» no es válida porque es la unión del prefijo *porta* + *voz*, un sustantivo que ya de por sí es femenino y no necesita una «a» extra para «formar el femenino».

Pero no sucede lo mismo, por ejemplo, con la palabra *albañil*, en la que no hay ninguna razón para decir que no se puede formar el femenino de este sustantivo común en cuanto al género para que se convierta en un sustantivo variable, porque no hay ninguna norma que prohíba agregar esa «a» para tener una forma en femenino.

Incluso, hay muchas palabras que rechazamos en femenino porque no se han usado así tradicionalmente, como *genia*, *testiga* o *miembra*. Pero la realidad es que no hay ninguna norma que establezca que esas palabras no pueden usarse en este género gramatical al añadirles la «a». Así como decimos y escribimos *armenia*, *amiga*, *hembra* o *sombra* y sabemos que son palabras bien formadas, podríamos crear las versiones en femenino de las ya mencionadas —digamos que mientras no escribamos **mienbra* estamos cumpliendo con las normas morfológicas del español de usar «m» antes de «b»—.

Ojo con los adjetivos

Así como hay sustantivos comunes en cuanto al género, ¡también hay adjetivos comunes en cuanto al género! Esto quiere decir que no hay una terminación para el femenino y otra para el masculino. Algunos de estos adjetivos son:

- alegre
- amable
- audaz
- especial
- feliz
- grande
- inteligente
- interesante
- notable
- profesional
- triste

¿Y cómo saber si un adjetivo es común en cuanto al género? Solo pregúntate si tiene una forma para el masculino y otra para el femenino (no dices Él es *felizo o *Ella está *feliza*); si no es así, ese adjetivo se usa igual para cualquier identificación de género.

Por ejemplo:

Ella es una futbolista ***notable*** */ Él es un futbolista* ***notable***
Él es un cantante ***profesional*** */ Ella es una cantante* ***profesional***

c) Sustantivos heterónimos

Son los sustantivos que tienen una forma para el género gramatical masculino y otra para el género gramatical femenino, como *hombre-mujer*, *madre-padre* o *nuera-yerno.* Como puedes ver, cada palabra tiene una raíz (o principio de la palabra) diferente para expresarse de quienes tienen una identificación de género femenina distinta a la de quienes tienen una identificación de género masculina. En general, vienen en pares.

¿Pero qué pasa si hablamos de personas no binarias? Ve a la página 100 para saber más al respecto.

Obviamente, lo que corresponde en este caso es que uses la forma femenina o la masculina según la identificación de género de quien hagas referencia.

¿Cómo los identificas en el diccionario?

yerno

1. (m.) Cónyuge masculino de la hija o del hijo de una persona.

En la definición de la palabra que buscaste aparece la abreviatura que corresponde al género en el que se usa dicha palabra; masculino, en este caso.

nuera

1. (f.) Cónyuge femenino del hijo o de la hija de una persona.

Oye, y si *cónyuge* es un sustantivo común en cuanto al género y ya nos dijiste que entonces hay que marcar el género con los artículos y los adjetivos, ¿por qué en *nuera* viene el adjetivo «femenino» en masculino?
¡Yo tuve la misma pregunta! Así que lo consulté a la cuenta en X de la RAE y me respondieron: «En esta definición se está usando «cónyuge» en masculino genérico como designativo de la clase, esto es, con el sentido de «persona unida a otra en matrimonio»... Mmm... ¡y luego dicen que es biiiieeeen fácil identificar cuándo es masculino genérico, cuándo no; cuándo quienes no nos identificamos con el género masculino estamos ahí y cuándo no!

RECUERDA

Sustantivo en femenino — adjetivos en femenino — artículos en femenino
Sustantivo en masculino — adjetivos en masculino — artículos en masculino

d) Sustantivos epicenos

Son aquellas palabras que tienen un género gramatical que no tiene una correspondencia con la identificación y expresión de género del ser al que hacen referencia, como *criatura, personaje, ser, pareja, víctima*…

¿Cómo los identificas en el diccionario?

persona

1. (f.) Individuo de la especie humana.
2. f. Hombre o mujer cuyo nombre se ignora o se omite.
3. f. Hombre o mujer distinguidos en la vida pública.
4. f. Hombre o mujer prudente y cabal.

Encontramos que este tipo de sustantivos solo tiene una marca para el género gramatical del sustantivo al que hacen referencia —en este caso la «f.», que corresponde a sustantivo de género gramatical femenino—, pero en la definición o en las definiciones encuentras que puede usarse para hombres o mujeres… y también para personas no binarias.

Con toda la intención te puse este ejemplo: la palabra «persona» es muy útil cuando quieres referirte a alguien sin especificar con qué género se identifica. *Criatura/s* también puede funcionar cuando quieres referirte a alguien en la infancia.

Con los sustantivos epicenos, hay que poner especial atención a la concordancia que tienen con los adjetivos y los artículos que le acompañan. Es un error muy común leer o escuchar:

> *Las **personas** están muy entusiasmadas con el nuevo programa; **todos** están muy **comprometidos**.*

Si el sustantivo es de género gramatical femenino, todo concuerda en femenino (y con todo me refiero a adjetivos, artículos y participios ligados a ese sustantivo): *Las personas están muy **entusiasmadas** con el nuevo programa; **todas** están muy **comprometidas**.*

Seguramente has escuchado que hay quien usa «personaja», aunque «personaje» por ahora se considera como un sustantivo epiceno, es decir, que se utilizaría en masculino sin importar si a la persona a la que se refiere se identifica con el género femenino (*El personaje, una mujer de 16 años, es muy provocador*); sin embargo, nada censura —esto quiere decir que no hay ninguna norma ortográfica que lo prohíba— que pueda utilizarse «personaja», porque como te decía: las palabras pueden cambiar según cómo las utilicemos.

Por ejemplo, la palabra «rehén» hasta hace unos años se consideraba como un sustantivo epiceno, pero hoy se usa como un sustantivo común en cuanto al género: el rehén o la rehén. ¿Por qué pasa esto? ¡Por el uso! Si utilizamos una forma, que no va en contra de las normas ortográficas, que se vuelve común y se usa en diferentes ámbitos, digamos que pasa la prueba del cambio y obtenemos un uso nuevo de una palabra.

Ahora bien, ¿qué podemos decir sobre el sustantivo *persona*? En los años noventa se aconsejó e implementó en muchos ámbitos el usar los sustantivos en masculino y en femenino para nombrar a las mujeres que no se «visibilizaban» en el masculino genérico (*niños y niñas*, *ciudadanos y ciudadanas*). Esta pareció una solución «sencilla» que se aplicó sin mucha consideración de por medio. Así, se convirtió en un elemento chirriante en el discurso que incluso ha sido motivo de ridiculización. Me parece que «persona» puede ir por el mismo camino. Encontramos usos, sobre todo en textos gubernamentales, como los siguientes: «la persona participante», «la persona funcionaria pública», «la persona ciudadana», como si usar «persona» fuera la única alternativa posible, ¡cuando ya viste que no es así! Puedes escribir: *quien participa*, *el funcionariado/quien trabaja en el funcionariado, la ciudadanía…*

Sí, en gran parte, usar el lenguaje igualitario representa salir de tu zona de confort, dejar el camino conocido para explorar nuevas rutas y formas. Sé que puedes lograrlo; empieza poco a poco, con textos breves; después ve aumentando la extensión: ampliarás todas esas conexiones que comienzas a activar; y mientras avanzas, te sorprenderás buscando todo el tiempo nuevas alternativas e incluso te expresarás oralmente de manera igualitaria.

e) Sustantivos variables

Son aquellas palabras que tienen una terminación para el femenino y otra para el masculino (y tendrían otra para el género neutral o no binario, pero de eso hablamos más en las páginas 99-105).

¿Cómo sabes que un sustantivo es variable? Tomemos mi caso favorito: el de presidenta/e. Si la buscas en el *Diccionario de la lengua española*, te encontrarás con algo así:

presidente, ta

De *presidir* y *-nte*; lat. *praesīdens, -entis*
En acepción 1, usado solo con la forma presidente; para el femenino, usado algunas veces *presidente* en acepciones 2 y 3

1. adj. p. us. Que preside.
2. m. y f. Persona que preside un Gobierno, consejo, tribunal, junta, sociedad, acto, etc.
3. m. y f. En los regímenes republicanos, jefe del Estado normalmente elegido por un plazo fijo.
4. m. En los romanos, juez gobernador de una provincia.
5. m. En algunas religiones, sustituto del prelado.
6. m. Maestro que, puesto en la cátedra, asistía al discípulo que realizaba un ejercicio literario.
7. f. coloq. Mujer del presidente.

Los sustantivos variables incluyen siempre la terminación para el masculino y la terminación para el femenino, en este caso: *-te*, *-ta*. Busca, por ejemplo: fiscala, ingeniera, jefa, médica, música, química... En todas estas consultas comprobarás que se trata de sustantivos variables, es decir: conservan la manera en que empieza la palabra, pero tienen una terminación para el femenino y otra para el masculino.

Y sí, a veces puede sonarnos «raro» decir, por ejemplo, *pilota* en lugar de *la piloto*. Parece que no debiéramos hacerlo porque la hemos escuchado poco o porque no pensábamos que esa palabra se pudiera formar, pero precisamente es esta una palabra bien formada que no tiene ningún inconveniente ortográfico, solo nuestra falta de costumbre. Además, no usar la forma en femenino para quien se identifica con el género femenino es una forma de sexismo. ¡Evítalo!

Pasa lo mismo con *albañila* o con *sastra* o con *jueza*. Y también sucede con *matrón*: una palabra que generalmente se usa en femenino (*matrona*) empezó a usarse en masculino a partir de que cada vez más hombres acompañan a quienes están en labor de parto; al igual que *azafata* y *azafato*.

Una vez más: todas estas categorías pueden modificarse y un sustantivo que antes era común en cuanto al género hoy puede usarse como variable, pero mientras la palabra esté bien formada, ¡se vale!

¿Qué aprendimos?

Como ves, para empezar a poner en práctica el uso del lenguaje igualitario es necesario:

- Identificar el sustantivo que estás empleando para determinar qué género gramatical usarás.
- Identificar si el sustantivo debe usarse en forma femenina o masculina o si se queda igual.
- A partir de esto: concordar adjetivos, artículos y participios que lo acompañen.

Este paso es fundamental en el caso del lenguaje igualitario. Encontrarás que los sustantivos comunes en cuanto al género y los epicenos pueden ser muy útiles cuando te refieres a audiencias mixtas con las que no deseas emplear el masculino genérico.

Pero ¿qué pasa con los sustantivos variables? Hay que tener en cuenta dos factores:

1. Si conoces la identificación de género de la persona a la que te estás refiriendo, ¡úsala! En especial para no caer en el sexismo lingüístico: ¡a las mujeres llámalas por su nombre![6] La *arquitecta*, la *choferesa*, la *consulesa*, la *física*... Si no sabes si se trata de un sustantivo variable, ya sabes cómo identificarlo en el *Diccionario de la lengua española*.
2. Si estás hablando de o dirigiéndote a una audiencia mixta y por algún motivo usas un sustantivo variable, hay dos opciones:
   a) Que menciones tanto el sustantivo en femenino como en masculino (lo que se conoce también como desdoblamiento o duplicamiento), pero si te decides por esta opción, será necesario que lo hagas también con adjetivos, artículos y participios que puedan concordar:

      En esta institución respetamos la forma en que los alumnos y alumnas vienen vestidos, en realidad tendría que ser: *En esta institución respetamos la forma en que los alumnos y las alumnas vienen vestidos y vestidas.*

      Confieso que esta propuesta no es mi favorita, pero a veces es necesaria. Duplicar en todo el texto es cansado para quien escucha, pero también para quien emite el mensaje, además de que es

[6] Acá uso nombre como sinónimo de sustantivo, como también se le conoce en términos gramaticales.

difícil mantener la concordancia doble con artículos, adjetivos y participios a lo largo del texto o del discurso.

b) Que mejor recurras a la Recomendación #1: ¡cambia la forma en la que te expresas modificando cómo la escribes! Esa misma frase podría redactarse o decirse de muchas otras maneras. Por ejemplo:

En esta institución respetamos la vestimenta de alumnas y alumnos.

En esta institución respetamos la forma en que se viste el alumnado.

En esta institución respetamos cómo se viste el alumnado.

En esta institución respetamos la vestimenta del alumnado.

Puedes recurrir a sustantivos colectivos y, en algunos casos, también a eliminar los artículos... ¡Usa tu creatividad y ejercita tu cerebro —y tu lengua— para encontrar la alternativa que se adapte mejor a tus necesidades!

SEXO
≠
GÉNERO

Y a todo esto, ¿para qué el lenguaje incluyente?

Nuestra lengua está concebida como un binario masculino--femenino porque durante siglos fue el reflejo de la realidad. Recientemente, se escucha cada vez más de personas que no se sienten ni bien ni cómodas al definir su género a partir de este binario.

La forma en que se concibe el género, como constructo social, ha ido modificándose: hay ámbitos en los que esta transformación se generaliza; hay otros en los que apenas empieza a notarse. Me parece que entre las adolescencias es más común el replantearse cómo se concibe el género y cómo lo entendemos y lo hacemos parte de nuestra vida. Según el Instituto Nacional de Geografía y Estadística (Inegi), la mayor parte de la población mexicana que se identifica con una orientación sexual no normativa tiene menos de 7 años, aunque hay un repunte entre los 12 y 17 años.[1]

Me ha pasado cada vez más que me buscan de escuelas primarias y secundarias para hablar sobre lenguaje incluyente porque el alumnado tiene la inquietud de que el personal docente tome en cuenta que hoy el género se entiende diferente. Hay cantantes o celebridades (como Sam Smith o Bella Ramsey)

---

[1] Inegi (23 de junio de 2023), «Estadísticas a propósito del Día Internacional del Orgullo LGBTI+», disponible en: https://www.inegi.org.mx/contenidos/saladeprensa/aproposito/2023/EAP_LGBTI23.pdf [Consultada: 7 de junio de 2024].

que se identifican como no binaries, y hay series,[2] libros,[3] pódcasts,[4] medios de información[5] o sentencias[6] de la Suprema Corte de Justicia de la Nación que usan el lenguaje incluyente y eso solo es un reflejo de lo que pasa en la sociedad, en nuestra realidad.

Me gustaría retomar lo que vimos al inicio, en el apartado de «Algunas definiciones», porque suele ser una confusión común:

Sexo y género no son lo mismo.

Hay muchas personas que creen que solo hay dos géneros, femenino y masculino, y por ello es necesario mantener esa concordancia con las palabras que usamos para expresarnos. Pero aquí estamos hablando de género, no de sexo. De género como la forma en que nos concebimos en el mundo, nos relacionamos con él, tenemos atracciones eróticas y afectivas. Y en el género hay un espectro que no se define solo en lo masculino y lo femenino. Al menos no para todas las personas. **A esto se le conoce como no binarismo. Y es aquí precisamente en donde empezamos a hablar de lenguaje incluyente:** con el que nos expresamos de las personas que no se identifican exclusivamente con el género masculino o con el género femenino.

Hay quienes ven estos esfuerzos como inútiles, pues les parece que se trata de una moda que solo obedece «al capricho de unas cuantas personas». Bueno, pues básicamente eso pasa siempre con la lengua. Se establece qué es válido y qué no lo es de acuerdo con lo que opina un grupo: si se trata de una forma

---

[2] Revisa los subtítulos en español de *Pose*, *Sex Education* y *Heartstopper*, o la más reciente versión de *Rebelde*.

[3] *Conexión* de Kae Tempest o *Quemar el miedo* del colectivo Las Tesis.

[4] Cuando conduje *El café de la mañana*, de Spotify y *Reforma*, lo hacíamos, pero también lo hacen en *Escándala* y, ocasionalmente, lo hacían en *Señoras Punk*.

[5] *Animal Político* es el que lo hace con más consistencia, pero hay columnistas de opinión que también lo hacen en periódicos como *Reforma* o *El País*.

[6] Por ejemplo: https://www.scjn.gob.mx/derechos-humanos/sites/default/files/sentencias-emblematicas/sentencia/ 2022-05/AR%201077-2019.pdf [Consultada: 7 de junio de 2024].

culta, de una forma coloquial, de una práctica que deberíamos evitar o de una que deberíamos fomentar. Como asesora lingüística y una persona apasionada de la lengua, puedo decirte que hay un interés creciente en cómo funciona el lenguaje incluyente.

Podrás imaginarte que las academias de la lengua no ven necesario replantearnos cómo nos estamos expresando ni si las palabras que «oficialmente» contienen sus obras nos funcionan para expresar la realidad que vivimos hoy. Durante años, Concepción Company, integrante de la Academia Mexicana de la Lengua y de El Colegio Nacional, sostuvo que el lenguaje incluyente solo «distrae del problema de fondo»[7] en cuanto a desigualdad, que las palabras no van a romper el techo de cristal o que decir «magistrade» no va a darles todos sus derechos a las personas que no hemos sido visibilizadas en el masculino o en la lengua que intentan presentarnos como estática o inmutable.

Yo soy de la idea de que, si somos conscientes de las palabras que usamos, estas modifican cómo pensamos y nos hacen reflexionar sobre los privilegios o desventajas que tenemos a nivel lingüístico, pero también en la vida real: que cambiemos la forma en que nos expresamos no impide que también llevemos a cabo acciones que busquen eliminar esas desventajas o desigualdades. Una cosa no excluye a la otra. Y creo que la misma Company —que ha sido una de las voces más consultadas para desacreditar al lenguaje incluyente— opina más o menos similar. Al menos eso dejó entrever la filóloga en una entrevista en la que mencionó los tres pronombres de la tercera persona del singular, *él, ella y elle*, y los tres del plural, *ellos, ellas y elles.*[8]

[7] Toche, Nelly (26 de agosto de 2019), «El lenguaje inclusivo distrae del verdadero problema de fondo: Concepción Company», en *El Economista*. https://www.eleconomista.com.mx/arteseideas/El-lenguaje-inclusivo-distrae-del-verdadero-problema-de-fondo-Concepcion-Company-20190825-0085.html [Consultada: 7 de junio de 2024]

[8] Escucha del minuto 2:38 al 2:47 en este fragmento de «Así las cosas con Gabriela Wárkentin» en W Radio: https://wradio.com.mx/audio/111RD380000000153581/&ssm=tw [Consultada: 7 de junio de 2024].

Que Concepción Company haya cambiado de opinión no significa que las academias de la lengua lo hayan hecho… todavía. Siguen manteniendo que no se necesita un lenguaje incluyente y que nos mantengamos con el masculino genérico porque ahí tenemos que vernos e incluirnos. Es más, ante el uso de la *-e* como una marca neutra o no binaria de género, desde X, la RAE ha escrito que esta vocal «como marca de género es ajena a la morfología del español». Entonces me pregunto qué pasa en casos como *estudiante, cantante, participante, amante…* Supongo que hemos estado usando mal esa *-e* todo este tiempo (¡!).

Afortunadamente y más allá de lo que dicen las academias, muchas personas han sabido satisfacer esta necesidad de hablar de otras identidades y expresiones de género extendiendo nuestro conocimiento sobre la lengua. Tomando como base lo que sabemos de gramática, ampliamos las dos opciones de géneros gramaticales, femenino y masculino, a un tercero: el neutro o no binario.

Sé que muchas personas evitan usar el lenguaje incluyente porque no saben cómo o cuándo usarlo, pero espero que lo que vimos sobre los tipos de sustantivos en el capítulo anterior te dé varias pistas para empezar a ponerlo en práctica.

Como te decía, últimamente, más que evitar el sexismo, el lenguaje incluyente o inclusivo se ha enfocado en expresar a las personas que forman parte de la comunidad LGBTQ+, así que hablemos de ellas.

¿Qué significan estas siglas?

Hemos oído esta retahíla de letras una y otra vez, a veces con más integrantes, en ocasiones con menos, pero pocas veces nos detenemos a pensar qué significan:

LGBTTIQ+

L → personas lesbianas

G → personas gays

B → personas bisexuales

T → personas travestis

T → personas trans

I → personas intersexuales

Q → personas queer

+ → las demás expresiones de género que puede haber

Ten en cuenta que estas palabras se usan como adjetivos: siempre acompañan a un sustantivo, como *persona trans*, *colectivo gay*, *organización intersex*… No se recomienda usarlas como sustantivos porque son una característica más de la persona (y a veces será relevante mencionarla, pero no siempre):

> En lugar de *Las* ***lesbianas*** *ubicaron un informe*, sería: *Las* ***académicas lesbianas*** *ubicaron un informe*.

Personas trans

Quiero hacer un alto en este camino para referirme a las personas trans, a quienes se les asignó un sexo al nacer, pero su identificación y expresión de género es otra. Es muy importante que te dirijas a la persona con el nombre que usa en la actualidad y no con su necrónimo o *deadname*, el nombre que usaba antes de transicionar. Lo mismo con los pronombres: emplea los que te indique.

RECUERDA

Siempre es mejor preguntar qué pronombre usa alguien que asumir esa información.

¿Te acuerdas de mi amigo el que se sorprendió porque en el hospital se refirieron a él con su nombre elegido y usando el género masculino? En gran parte, dice, se debió a que tiene una credencial de elector en la que su nombre y su sexo (espero que para este momento ya te hayas dado cuenta de que esa categoría debería ser *género* y no *sexo*) son con los que él se identifica. En México, en 20 estados las personas pueden elegir su identidad de género y tener en sus identificaciones —sean estas el acta de nacimiento, o la credencial del INE o el pasaporte— el género con el que se autoperciben, sin importar la edad que tengan.

¿Qué pasa si en tu trabajo hay alguien que transiciona? Lo ideal es que el departamento de Recursos Humanos o quien se encargue de administrar el lugar acompañe la decisión de esta persona: desde informar a la oficina que a partir de ese momento el nombre y el género con los que esa persona se identifica son tales, hasta cambiar sus documentos, su correo electrónico, hacer nuevas tarjetas de presentación (si es que aún se usan)... Es decir, facilitar que quienes son sus colegas se dirijan a la persona como quiere ser llamada y como se identifica.

Recuerda que nunca —¡nunca!— está de más preguntar el pronombre que se prefiere usar. Una estrategia que puede servir es que, al presentarte, digas tu pronombre: así das la oportunidad de que la otra persona lo diga también.

¡Hola! Soy Paulina Chavira, mi pronombre es *ella*.
¡Mucho gusto! Soy Antonio Moreno y mi pronombre es *él*.

¿Es una moda?

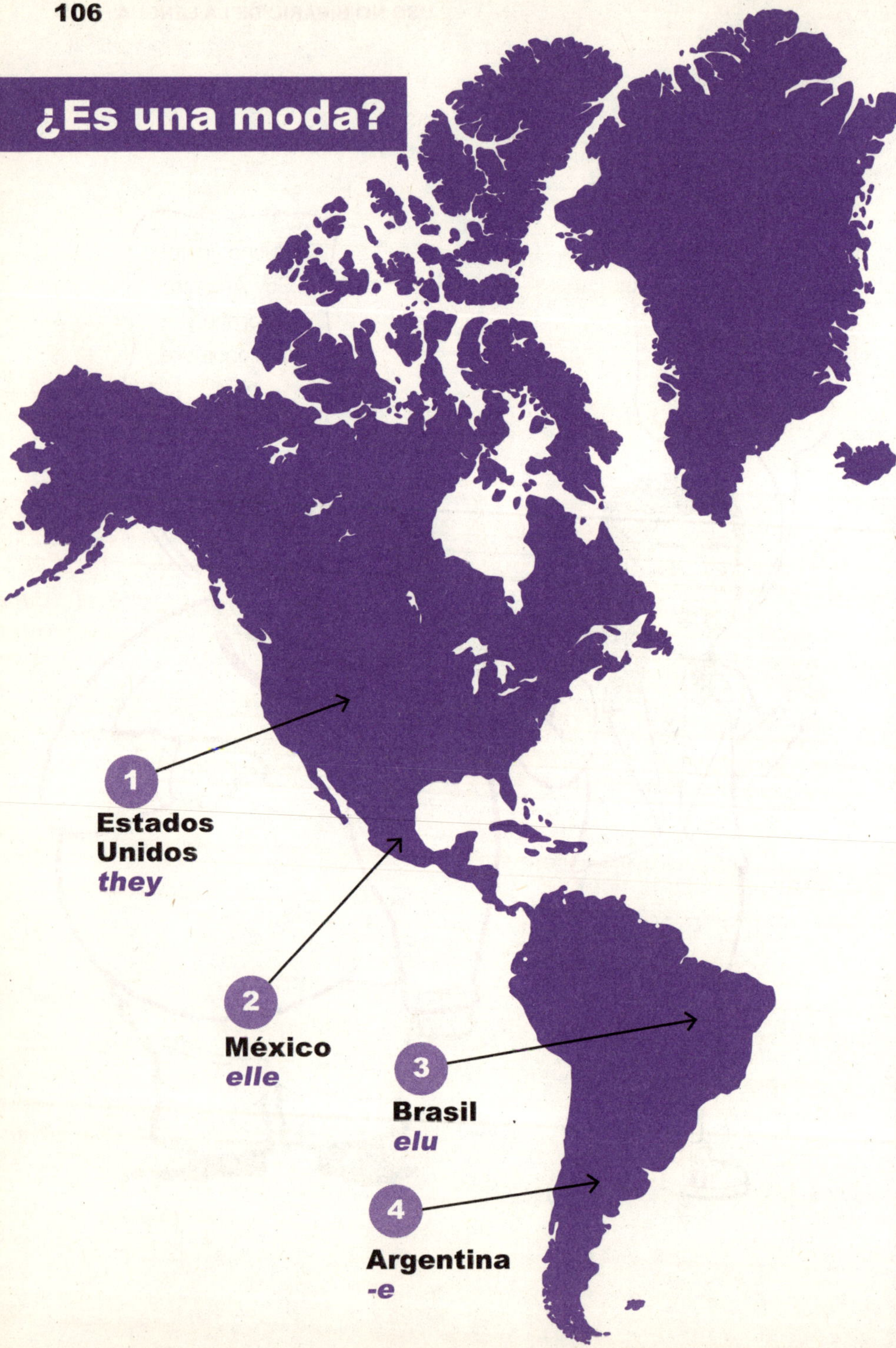
1
Estados Unidos
they
2
México
elle
3
Brasil
elu
4
Argentina
-e

5
Suecia
hen
6
Finlandia
hän
7
Noruega
hen
1
Inglaterra
they
8
Francia
iel
9
Italia
-ə
10
Alemania
*

1 Estados Unidos-Inglaterra / *they*

Se rescata el uso sin marca de género gramatical del *they* en singular, cuyo origen ubica el *Oxford English Dictionary* en 1375. En los siglos XVI y XVII, y en el siglo XIX, respectivamente, William Shakespeare y Emily Dickinson retomaron este uso para no marcar el género de la persona a la que hacían referencia en sus textos. A finales de la década de 2010 se empezó a utilizar como el pronombre de las personas no binarias. En 2019 el diccionario estadounidense *Merriam-Webster* la nominó como la Palabra del Año.

2 México / *elle*

El 11 de febrero de 2022 se emitió la primera acta de nacimiento de una persona no binaria. En julio del mismo año, la Secretaría de Relaciones Exteriores anunció el primer documento oficial —la Matrícula Consular— no binario. El 17 de mayo de 2023, le magistrade Ociel Baena recibió el primer pasaporte no binario. En 2024, hasta el momento, hay 105 personas no binarias registradas en el padrón electoral; en su credencial para votar su identidad de género está marcada con una x.[9]

3 Brasil / *elu*

A pesar de la resistencia sistémica, como las prohibiciones del gobierno de Jair Bolsonaro, en portugués se usa el pronombre *elu* como neutro. Pero en 2023, el Supremo Tribunal Federal revocó esas prohibiciones y estableció la importancia de mantener una lengua inclusiva y neutra.[10] Es así también en Portugal y en Angola, Mozambique, Guinea-Bissau, Cabo Verde y Santo Tomé y Príncipe.

4 Argentina / *-e*

Desde 2015 el movimiento a favor de la legalización del aborto en este país instauró la -e como una de las formas de expresión, que también se extendió a las aulas. En 2020, ocho universidades argentinas comenzaron a aceptar trabajos, tesis y presentaciones orales en las que se usara lenguaje incluyente; en 2021 se convirtió en el primer país latinoamericano en el que se emiten identificaciones oficiales en las que se reconoce que una persona es de género no binario. Sin embargo, en 2022, el Ministerio de Educación de Buenos Aires prohibió el uso del lenguaje incluyente y desde la llegada de Javier Miléi al poder se ha prohibido su uso en instituciones gubernamentales.

5 Suecia / *hen*

En la década de los 60, el movimiento feminista sueco promovió el uso de un pronombre neutro: *hen*, ya que existía solamente el masculino, *han*, y el femenino, *hon*, y se usaba el masculino cuando no se quería marcar el género de la persona a la que se hacía referencia. La comunidad queer de Suecia fue la que retomó este pronombre neutro a principios de los años

2000 y en 2015 *hen* fue incluido en el diccionario ortográfico de referencia sueco, el *Svenska Akademiens ordlista över svenska språket* (mejor conocido como SAOL), editado por la Academia Sueca.[11]

6 Finlandia / *hän*

El pronombre neutro *hän* existe desde 1543 en el finés, en el que «*hän* puede ser cualquiera, sin importar su género, su estatus social o su edad», pero en 2019 se lanzó una campaña[12] en la que se ofreció el uso de *hän* al mundo como una muestra de la importancia que le dan a la igualdad de oportunidades para todas las personas.

7 Noruega / *hen*

En febrero de 2022 el Consejo Noruego de la Lengua anunció la llegada oficial del pronombre personal neutro *hen* —también— al noruego, que actualmente cuenta con el femenino *hun* y el masculino *han*. Aunque también hay quienes prefieren usar el pronombre personal neutro *de*, cuyo origen se encuentra en el nórdico.[13]

8 Francia / *iel*

En octubre de 2021, el que quizá sea el diccionario más conocido y de mayor uso en la lengua francesa, el *Petit Robert de la langue française*, incluyó en su edición en línea el pronombre personal *iel*, que se utiliza para hacer referencia a «una persona de cualquier género». En 2023, *iel* (*iels* en plural) llegó[14] a la edición impresa de este emblemático diccionario.

9 Italia / -ə

En 2015, como parte del proyecto Italiano Inclusivo,[15] se propuso retomar el uso de un símbolo del Alfabeto Fonético Internacional para hacer referencia a un grupo de personas sin recurrir al masculino genérico: la *schwa* (ə) *se pronuncia*[16] como una «e» cerrada.

10 Alemania / *

Desde la década de 2010, se propuso el uso del símbolo [*], ampliamente conocido como asterisco, para expresar palabras en género neutro. (Aunque una trabajadora del Instituto de la Lengua Alemana —que estudia el uso contemporáneo de esta lengua y que establece las normas de escritura en las escuelas y las instituciones oficiales— afirmó para *The New York Times* que este asunto del género neutro en alemán se discute desde la década de 1980).[17] Por ejemplo, para escribir «ciudadanes» o «ciudadnxs», en alemán se optaría por *Bürger*innen*, a diferencia de lo que sucede si se escribe usando el género masculino (*Bürger*) o el femenino (*Bürgerinnen*): el poner ese asterisco invita a quien lee a que *escoja* el género gramatical que empleará. Este uso del asterisco se ha implementado en distintos gobiernos locales, pero últimamente los gobiernos de derecha han optado por evitarlo o prohibirlo.

[9] INE (3 de octubre de 2023). «Ya puedes solicitar el reconocimiento de tu identidad no binaria en tu credencial para votar». https://youtu.be/9waYd4vPIUY?si=-ZiBQCdPa5fotihT [Consultado: 7 de junio de 2024]

[10] Folter, Regiane (27 de junio de 2023). «Linguagem inclusiva e linguagem neutra: entenda a diferença», *Politize!* https://web.archive.org/web/20230704235358/https://www.politize.com.br/linguagem-inclusiva-e-linguagem-neutra-entenda/ [Consultado: 7 de junio de 2024].

[11] «Aparece al menos una vez al día en los periódicos más importantes, en carteles de publicidad, libros de texto, blogs y foros de internet. Lo utilizan políticos, profesores de escuelas y universidades. Ha habido algún caso incluso en el ámbito de la Justicia. Pero, sobre todo, son los jóvenes los que más rápidamente lo están incorporando a su vocabulario», explica la especialista Karin Milles, de la Universidad de Södertörn. Su amplia generalización es de hecho lo que ha llevado a la Academia Sueca a incluirlo en su diccionario. Moreno, Gloria (28 de marzo de 2015). «Suecia oficializa el pronombre neutro», *La Vanguardia*. https://www.lavanguardia.com/vida/20150328/54429302071/suecia-oficializa-pronombre-neutro.html [Consultada 1 de septiembre de 2022].

[12] Pillado, Ángeles (3 de junio de 2019). «Ni ella ni él ni elles: este es el pronombre que promueve un gobierno», *SDP Noticias*. https://www.sdpnoticias.com/internacional/elles.html [Consultada: 7 de junio de 2024].

[13] Strzyzyńska, Weronlka (2 de febroro de 2022). «New gender-neutral pronoun likely to enter Norwegian dictionaries», *The Guardian*. https://www.theguardian.com/world/2022/feb/02/new-gender-neutral-pronoun-norwegian-dictionaries-hen-official-language [Consultada: 1 de septiembre de 2022].

[14] Redacción (7 de octubre de 2022). «Ma “Go”, “iel”, les “bails”, “gênance” : les nouveaux mots du *Petit Robert 2023*», *CIDJ*, 2. https://www.cidj.com/actualite/ma-go-iel-les-bails-genance-les-nouveaux-mots-du-petit-robert-2023 [Consultado: 7 de junio de 2024].

[15] Ver https://italianoinclusivo.it/

[16] La sociolingüista italiana Vera Gheno puso a disposición esta guía de pronunciación: https://www.instagram.com/stories/highlights/17848588865141319/

[17] Schuetze, Christopher (11 de marzo de 2019). «Ni arrobas ni equis: en Alemania usan el asterisco para el género neutro», *The New York Times*. https://www.nytimes.com/es/2019/03/11/espanol/aleman-idioma-genero.html [Consultada: 25 de junio de 2024].

¿Qué tan legal es usar el lenguaje incluyente?

El 13 de noviembre de 2019, la Suprema Corte de Justicia de la Nación (SCJN), en México, emitió una sentencia[18] en la que utiliza en dos ocasiones «les quejoses»:

> prisión. De resultar fundados los vicios que hacen valer les quejoses respecto de la averiguación previa —esto es: que las autoridades ministeriales incumplieron su deber de investigar con debida diligencia, con perspectiva de

> En el caso, les quejoses reclamaron —entre otras cosas— la omisión de la agente del ministerio público encargada de la averiguación previa de reconocerles el carácter de víctimas. Como consecuencia de ello, no se

También dentro de la misma SCJN hay quienes argumentan que el lenguaje incluyente puede hacer «confusas» las sentencias. Pero, con el tiempo, se han hecho muchos esfuerzos desde el Poder Judicial mexicano para reconocer el derecho a la identidad que tenemos todas las personas. Dentro de la misma corte, se han realizado cursos y talleres, y se han redactado lineamientos que brindan orientación a quienes trabajan para interpretar e implementar los mandatos que hay en la Constitución de México.

El que escuchemos, leamos y reconozcamos que hay más identidades de género que las que creíamos y que estas son reconocidas por instituciones como la Suprema Corte de Justicia de la Nación, la Secretaría de Relaciones Exteriores o el Instituto Nacional Electoral ayudan a que exista un respaldo legal y estatal que necesita nutrir y nutrirse de las posibilidades

[18] Véase https://www.sitios.scjn.gob.mx/casascultura/sites/default/files/page/documentos/2020-06/Sentencia%20AR%201284-2015_Karla%20Pontiogo%20Lucciotto.pdf

que ofrece nuestra lengua. Como te decía: **las palabras crean realidad y la realidad crea palabras.**

¡Esta lengua tan binaria!

Tradicionalmente, para el español solo podemos identificarnos con dos géneros: femenino y masculino. Y sí, la mayoría de las personas se identifica con esos dos géneros, pero ¿qué pasa si conoces o hablas con alguien que no se identifica con ninguno de ellos o no exclusivamente con uno de los dos? Pues utilizas la **alternativa no binaria**.

Sé que aquí puedes sentir que no entiendes nada o que todo parece muy confuso, pero la idea es que lo siguiente funcione como una luz hacia lo que está pasando y por qué se hace necesario hablar de lenguaje incluyente y ofrecerte algunos consejos sobre qué hacer, pero lo más importante que debes recordar es que esta **no es una cuestión lingüística: es una cuestión de RESPETO.**

Respeto hacia las demás personas, al derecho humano de tener la identidad que cada quien desea y la forma en la que queremos que se nos nombre.

Si conoces a alguien que se reconoce como una persona no binaria, lo que corresponde es que ampliemos lo que ya conocemos del español y lo ajustemos a la realidad que hoy vivimos.

¿Que esta realidad puede cambiar? Sí, eso pasa todo el tiempo. Y lo comprobamos con las diferentes palabras y expresiones que surgen y seguirán surgiendo. Gráficamente, hubo una alternativa que abrió el camino, como veremos más adelante, pero que hoy ya no funciona. Por eso repito tanto que como hablantes de nuestra lengua tenemos que actualizar constantemente lo que sabemos de ella.

¿Qué pasa si te equivocas y te diriges a alguien usando el pronombre y las terminaciones incorrectas? ¡Paciencia! Estás aprendiendo y lo mejor que puedes hacer es esforzarte por dirigirte a la persona con el pronombre con el que se identifica.

Como dice mi amigo el antropólogo Andrea Spano: «Todes estamos aprendiendo. También quienes somos no binaries: no nacimos con la *e*». Además, Andrea me dijo algo muy cierto: una persona sabe si alguien está intentando cambiar la forma en la que se dirige a ella y eso se valora.

Que el miedo a equivocarte no te impida mostrar tu respeto a las demás personas.

¿Usamos la @?

En mayo de 2020, la Fundación del Español Urgente (Fundéu) y el Instituto de Ingeniería del Conocimiento de la Universidad Autónoma de Madrid hicieron un estudio sobre qué se hacía en Twitter (hoy X) para evitar el masculino genérico. Analizaron durante veinte días, en veintiún países, qué usábamos más en nuestros tuits las personas que hablamos español para evitar las formas *niños*, *nosotros*, *todos* o *ciudadanos*. Entonces, España, Argentina y México fueron los países que más recurrieron a las formas inclusivas.

En México triunfó el uso de la @.

La @ (arroba), ortográficamente hablando, es un símbolo de medida de capacidad y de masa, cuyo origen se identifica en el siglo VI o VII como abreviatura de la preposición latina *ad*, pero dice Jorge de Buen que hay quienes no aceptan esta teoría. Lo que sí es que parece que volvió a utilizarse en los siglos XII y XIII que luego adoptaron comerciantes de España.[19] A finales del siglo XX, con la socialización del internet, su uso explotó: se convirtió en un elemento básico de nuestra presencia en línea al volverse un componente de nuestras direcciones de correo electrónico.[20] Pero, por su forma, una «a» encerrada en una «o», para muchas personas se convirtió en una alternativa

[19] De Buen Unna, Jorge (2017). *Diccionario de caracteres tipográficos*, Gijón: Ediciones Trea, p. 40.

[20] *Ibidem.* Aunque fue desde 1971 que el programador informático estadounidense Ray Tomlinson decidió usar la arroba para separar el nombre del proveedor del correo.

inclusiva para no utilizar el masculino genérico. Y aunque a nivel gráfico puede ser una solución, cada vez hay más contras para su uso:

- No puede pronunciarse: no hay un consenso en cómo *suena* esa @ (seguro la lees y dices «arroba», pero ¿cómo lees *niñ@s*?
- Es una alternativa binaria: al ser una «a» encerrada en una «o» solo hace referencia a los géneros femenino y masculino… ¿y el no binario?
- No es accesible para los lectores electrónicos: muchas personas ciegas usan lectores automáticos que simplemente no saben cómo interpretar este símbolo y se obstaculiza la comunicación.

Así que, en pocas palabras, no te recomiendo el uso de la @.

X (equis)

Además de ser la vigésima quinta letra del abecedario, la equis se ha convertido en la representación de una postura: no nos interesa marca de género alguna.

La equis representa la incógnita, lo que hay por descubrir, lo que no ha sido definido. Es por eso que en la década de 2010 empezó a usarse para evitar marcar el género de las palabras que hacen referencia a seres sintientes.

Gráficamente, ha sido más usada que la arroba, a pesar de que llevarla a la voz también supone un obstáculo, pero diferente al del símbolo binario, ya que en el español de México hay cuatro formas de pronunciarla: como [ks, en éxito], [s, en *Xochimilco*], [sh, en *Xola*] o [j, en *México*].

Lo importante es que veas que no es un sonido ajeno a nuestra lengua. Para la pronunciación de *niñxs*, podríamos ponernos de acuerdo y decir [niñeks] o [niñiks]. No es imposible, solo es necesario un consenso… pero la realidad es que, en la práctica, cuando alguien lee o pronuncia *niñxs*, o dice *niños*

—que acaba con esa terminación sin género marcado que gráficamente se buscaba— o dicen *niñes.*

¿Y qué pasa con la accesibilidad? Hay lectores de pantalla que leen «amix» sin problemas, pero al escribir *Lxs amixs se reunieron felices*, el lector automático gratuito —incluido en mi computadora— deletrea: «ele eks ese amiks se reunieron felices». Una sola frase quizá es sencilla de leer, pero probablemente un texto más largo se dificulte si no acordamos una pronunciación para la equis como marcador neutro y si quienes desarrollan este tipo de tecnologías no la incluyen.

Otra solución gráfica: la barra [/]

Sí, mucha gente la llama diagonal, pero formalmente su nombre es «barra» y nos sirve para introducir alternativas en una oración:

Apreciable/s cliente/s

Este uso para marcar la alternativa entre singular y plural se extendió al género:

Querida/os compañera/os

En este último ejemplo nos haría falta incluir la variante no binaria a las alternativas:

Estimada/e/o amiga/ue/o

Pero incluso al leer estas frases, el uso de este símbolo no facilita la lectura, que tendría que incluir la pronunciación de las tres alternativas: *Estimada amiga, estimade amigue, estimado amigo*.

Puede funcionar para un cartel o un correo, es más, para cualquier texto que sea poco probable que se lea en voz alta, pero no, por ejemplo, para un discurso.

¡Arriba la -e!

Hay muchas personas que creen que ni siquiera deberíamos estar hablando o escribiendo sobre lenguaje incluyente —tampoco sobre lenguaje igualitario— porque se trata de algo pasajero, un movimiento que se nos olvidará. Pero la realidad es que este cambio se viene dando ya desde hace muchos años y no solo en español, sino en otros idiomas, como viste en el mapa de las páginas 106-107.

En 1976 (¡sí, hace casi 50 años!) Álvaro García Meseguer, escritor, profesor e investigador del Consejo Superior de Investigaciones Científicas de España —quien, por cierto, era ingeniero de profesión—, consideró que nuestra lengua es sexista «porque la sociedad lo ha sido y la sociedad será sexista porque el idioma lo es».[21] Para terminar con ese «círculo vicioso», García Meseguer propuso una «ingeniería lingüística» que modificara la estructura del español: el uso de la *-e* como genérico, como la vocal que usaríamos sin hacer una marca de género.

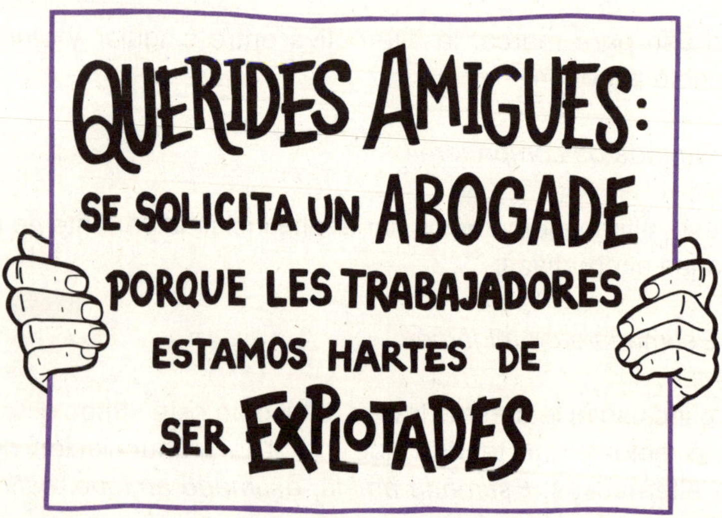

[21] García Meseguer, Álvaro (11 de noviembre de 1976). «Sexismo y lenguaje», *Cambio16*, núm. 260. https://www.grijalvo.com/Alvaro_Garcia_Meseguer/Sexismo_y_lenguaje.htm [Consultada: 17 de agosto de 2022].

Años después, Meseguer cambió su punto de vista —al final, ahí radica la humanidad— y dijo que el español en realidad no era sexista. Pero la semilla estaba sembrada...

Quizá esta propuesta quedó en un grupo pequeño y permaneció por mucho tiempo olvidada, hasta que más de treinta años después empezamos a escuchar que en Argentina las generaciones jóvenes hablaban con la *-e*: *les chiques*, *les amigues* y *nosotres*. A lo mejor les pareció una gran idea a unas cuantas personas, pero rápidamente el uso de la *-e* comenzó a extenderse a diferentes ámbitos... Incluso a diferentes lugares (¡las ventajas de vivir en la era de internet!).

Sí, el primer uso propuesto para la *-e* era el de uno que supliera al masculino para hablar de una «clase» o en general de un grupo mixto o de personas de las que no era relevante especificar el género. Aunque después también empezamos a hablar de personas no binarias y de explicitar los pronombres para evitar hacer la marca de género femenina o masculina cuando no corresponde.

Así es, ¿recuerdas que, en español, «tradicionalmente» nos enseñan que solo es necesario hablar de «él» y «ella»? Pues la vida y la realidad nos muestran que hace falta otro pronombre para hablar de quienes no se identifican con ese *él* ni con ese *ella* o no solamente con esos pronombres. Ahí es donde surge *elle*.

«Elle» funciona como un pronombre personal no binario o también como una alternativa neutra, en la que no estás marcando el género de alguien. Hay quienes solo lo usan para las personas no binarias y hay quienes lo usan para no marcar el género.

¿Qué uso perdurará? ¿Perdurarán ambos? Solo el tiempo nos lo dirá.

Ene mesque perede en le pered

Ahora que ya sabes que hay diferentes tipos de sustantivos sabrás que no se trata de hablar como si cantáramos:

ENE MESQUE PEREDE EN LE PERED.

Primero, porque «mosca» es un sustantivo epiceno que debe ir en femenino (para determinar el sexo de este insecto se especifica: mosca hembra o mosca macho), por lo tanto, el artículo y el adjetivo que acompañan a este sustantivo tienen que ir en femenino: una mosca parada.

Después, «pared» es de género gramatical femenino, pero es un sustantivo inanimado, no hace referencia a un ser viviente, así que no tiene una identificación de género. En pocas palabras: no hay por qué cambiar el género en esta expresión.

Entonces, ¿qué hacemos con los sustantivos comunes en cuanto al género y el lenguaje incluyente?

RECUERDA

Este tipo de sustantivos son aquellos en los que el género gramatical y la expresión de género del ser animado al que se refieren se marca a partir de artículos, adjetivos y participios; es decir: el sustantivo es exactamente el mismo en caso de que te refieras a alguien que se identifica con el género femenino o con el género masculino o con el no binario. Para más información y ejemplos, regresa a la página 79.

En cuanto a los sustantivos, estos se mantienen exactamente igual cuando hablas de una persona no binaria; lo que se modifican son adjetivos, artículos y participios. ¿Cómo?

Solo cambiarás la vocal que marca el femenino o el masculino por la *-e*. Por ejemplo, *le-les; orgullose-orgulloses; aplaudide-aplaudides*, para la siguiente frase:

Les orgulloses (participantes) fueron aplaudides.

Les → Artículo
orgulloses → Adjetivo
participantes → Sust. común en cuanto al género
aplaudides → Participio

O:

Le extraordinarie cantante abrió tres fechas de conciertos en Ciudad de México.

Toma en cuenta que también hay **adjetivos comunes en cuanto al género**; estos se quedan tal cual:

(Le) intérprete es muy formal y responsable.

Le → Este artículo es el que nos marca que estamos hablando de una persona no binaria.
formal → Adj. común en cuanto al género
responsable → Adj. común en cuanto al género

Estos son los **artículos** que nos enseñaron tradicionalmente y agrego la alternativa no binaria:

Femenino	Masculino	No binario/neutral
La, las	**El, los**	**Le, les**
Una, unas	**Un, unos**	**Une, unes**

Y estos son algunos adjetivos comunes en cuanto al género (hay más en la página 85):

- Cruel
- Casual
- Egoísta
- Enorme
- Formal
- Fuerte
- Joven
- Responsable
- Sensible

Sustantivos heterónimos y lenguaje incluyente

RECUERDA

Este tipo de sustantivos son los que tienen una forma para el género gramatical masculino y otra para el género gramatical femenino, como *hombre-mujer, madre-padre* o *nuera-yerno*. Para más información y ejemplos, regresa a la página 86.

Estos sustantivos empiezan de manera distinta en femenino a la del masculino; en el caso del no binario o neutral, se hacen adaptaciones cuyo uso empieza a extenderse. El ejemplo que más he visto es el de *madre-padre-xadre*, que he escuchado como [ksadre], y que me parece que podría extenderse a *madrina-padrino-xadrine* [ksadrine].

Mi xadre asistirá a la reunión acompañade de mi hermano.

Sustantivo heterónimo

Adjetivo que describe al sustantivo heterónimo no binario o neutral

En este caso, lo mejor es poner atención a qué palabras usan o crean las personas no binarias para referirse a sí mismas.

¿Y qué pasa con los sustantivos epicenos?

RECUERDA

Este tipo de sustantivos son los que tienen un género gramatical que no se corresponde con la identificación y expresión de género del ser al que hacen referencia, como *criatura, personaje, ser, pareja, víctima*... Para más información y ejemplos, regresa a la página 88.

Por ahora, se mantienen iguales. Por eso hablamos de personas no binarias, porque *personas* es un sustantivo epiceno, sí, de género gramatical femenino, pero en el que no hay relación con la identidad y la expresión de género del ser al que nos estamos refiriendo.

Aunque también he notado que hay quien dice o escribe *persone* o *persones*; probablemente con el tiempo este uso se asiente. Ya vimos que es común que los sustantivos cambien de clasificación, así como ahora hay quien habla de *personajas*.

Sustantivos variables

RECUERDA

Este tipo de sustantivos son los que tienen una terminación para el femenino y otra para el masculino... Bueno, pues también tendrán una terminación para el neutro o no binario. Para más información y ejemplos, regresa a la página 90.

En este caso, solo cambiamos la vocal que marca el femenino o el masculino por la *-e*:

Femenino	Masculino	No binario/neutro
escritora	escritor	escritore
consultora	consultor	consultore
ingeniera	ingeniero	ingeniere

A veces, hay que hacer cambios para que la palabra siga las reglas ortográficas (para que se ajuste a la morfología del español):

Femenino	Masculino	No binario/neutral
amiga	amigo	amigue
música	músico	músique
química	químico	químique

En otras ocasiones sucede que los sustantivos variables se convierten en comunes en cuanto al género para el neutro o no binario, no así para el femenino:

Femenino	Masculino	No binario/neutral
la jefa	el jefe	le jefe
la presidenta	el presidente	le presidente
las señoras	los señores	les señores

El truco está en identificar si se trata de un sustantivo variable, lo cual puedes hacer pensando si en general usas una terminación para el femenino y otra para el masculino: si es así, hay que cambiar la terminación de esa palabra para hacerla no binaria. Pero ya vimos que no siempre es tan sencillo o que hay sustantivos que no teníamos claro que existían en femenino; entonces no está de más echar un vistazo al *Diccionario de la lengua española*, por ejemplo:

director, ra, *re*

Del lat. director, ōris

1. adj. Que dirige. U. t. c. s.
2. m. y f. Persona que dirige algo en razón de su profesión o de su cargo. *El director de la empresa, de la investigación. Es directora de cine.* ***Es directore de informática*****.**

Guía rápida para saber usar la -e

1. Identifica de quién estás hablando. Es importante que sea «quién», si es «qué» probablemente no tenga una identificación de género.

El traductor es muy profesional: fue muy atinado al interpretar los matices de esta frase.

- ¿De quién estás hablando?
- Del traductor.

2. ¿Qué tipo de sustantivo es el que hace referencia a ese «quién»?

Aquí tienes dos alternativas:

a) Consultar el diccionario:

traductor, ra

Del lat. traductor, -ōris 'el que hace pasar de un lugar otro'.

adj. Que traduce. Apl. a pers., u. m. c. s. [Es decir: aplicado a persona, usado más como sustantivo]

b) Preguntarte: ¿este sustantivo tiene una forma en femenino y otra en masculino? Cualquiera de estas dos alternativas te hará saber que es un sustantivo variable (sí, en esta oración, «traductor» funciona como sustantivo, porque estamos hablando de una persona).

3. Al saber qué tipo de sustantivo es, identifica adjetivos, artículos y participios que concuerden con este.

El traductor es muy profesional: fue muy atinado al interpretar los matices de esta frase.

ART. MASCULINO

ADJ. COMÚN EN CUANTO AL GÉNERO

ADJ. VARIABLE EN MASCULINO

4. Ahora sí, modifica lo que debe modificarse:

Le traductore *es muy profesional: fue muy* ***atinade*** *al interpretar los matices de esta frase.*

Así de fácil.

Últimas reflexiones

¿Se debe obligar a usar el lenguaje igualitario?

No, no creo que se trate de obligar a nadie. Lo mejor sería que después de leer textos como este o de escuchar a muchas personas con diferentes experiencias por tu propia cuenta te decidas a usarlo. Como ves, en cuanto empieces a ser consciente de cuántas veces usas el masculino genérico, te darás cuenta de que hay otras alternativas que pueden evitar que haya personas que no se vean ni se sientan representadas en el masculino.

A partir del respeto, usa el lenguaje incluyente cuando estés comunicándote con una persona no binaria o con alguien que explícitamente te dice que no se identifica ni con el femenino ni con el masculino. ¿Puede costarte trabajo? Sí, puede ser difícil al principio, pero recuerda que todas las personas estamos aprendiendo. Siéntete en compañía en este proceso de cambio.

Esta es solo una guía; el lenguaje sigue cambiando

Como nunca antes, estamos atestiguando cómo se está modificando la lengua, vemos y participamos de la manera en que surgen palabras que nos sirven y nos ayudan a expresar la realidad que estamos viviendo. Sería ilógico pensar que ya no habrá creaciones, tecnologías nuevas o movimientos para que las sociedades cambien. Así que debo decirte que muy probablemente lo que encontraste en este manual sea mejorado, afinado o modificado, porque así es como sucede siempre.

Si este cambio constante te da vértigo, respira conmigo. Todo va a estar bien. Todo, mientras tengamos en mente, primero, que lo más importante es poder comunicarnos respetando a las otras personas y la forma en que quieren ser nombradas. Después, al recordar que contamos con ciertas guías que nos proveen de pistas para saber qué hacer ante lo desconocido o lo nuevo, como lo hemos hecho durante siglos.

Y lo más importante es que te diviertas, porque **¡esta lengua es tuya!**

ANEXO

Un acordeón

Palabras en femenino que existen y no sabías	Y así se usan en neutral/no binarie
abogada	abogade
actora	**actore**
albañila	albañile
alcaldesa	**(le) alcalde**
aprendiza	aprendice
árbitra	**árbitre**
arquitecta	arquitecte
asistenta	**(le) asistente**
ayudanta	(le) ayudante
brigadiera	**brigadiere**
cacica	(le) cacique
capataza	**capatace**
capitana	capitane
choferesa	**choferese o (le) chofer**
clienta	(le) cliente
comandanta	**(le) comandante**
concejala	concejale
consulesa	**consulese**

coronela	coronele
dependienta	**(le) dependiente**
directora	directore
doctora	**doctore**
edila	edile
estibadora	**estibadore**
fiscala	fiscale
física	**físique**
generala	generale
gerenta	**(le) gerente**
gobernadora	gobernadore
histrionisa	**histrionise**
intendenta	(le) intendente
ingeniera	**ingeniere**
jefa	(le) jefe
jueza	**juece**
lideresa	(le) líder o liderese
médica	**médique**
mercadera	mercadere
militara	**militare**
música	músique
oficiala	**oficiale**
parturienta	parturiente
patrona	**patrone**
perita	perite
pilota	**pilote**
portera	portere

presidenta	**(le) presidente**
química	químique
rectora	**rectore**
regenta	(le) regente
sastra	**(le) sastre**
soldada	soldade

Sustantivos colectivos: estos pueden ayudarte a evitar el masculino genérico al referirte al conjunto de personas que comparten ciertas características y así expresarte de manera más igualitaria.

abogacía	**gente**
alumnado	gremio
audiencia	**grupo**
ciudadanía	humanidad
clientela	**juventud**
colectiva/colectividad /colectivo	magisterio
	personal
comunidad	plantel
diputación	**plantilla**
electorado	población
equipo	**profesorado**
estudiantado	público
familia	**tropa**
funcionariado	

Sustantivos abstractos: estos pueden ayudarte a refrasear oraciones en las que se recurre por costumbre al masculino genérico, y a expresar un sentimiento, una idea o una emoción para usar el lenguaje igualitario.

aburrimiento
abuso
administración
adolescencia(s)
adultez
ambición
amistad
amor
calidad
capitanía
ciudadanía
compromiso
comunicación
creatividad
deseo
dirección
dolor
empatía
éxito
frío
fuerza
idea
infancia(s)
inteligencia
jefatura
justicia/injusticia
juventud(es)
legalidad
libertad
magisterio
matria
nación
niñez
odio
oportunidad
orgullo
pasión
patria
pensamiento
poder
política
presidencia
rechazo
responsabilidad
salud
seguridad
solidaridad
verdad
vida

REFERENCIAS

De Buen Unna, Jorge (2017). *Diccionario de caracteres tipográficos,* Gijón: Ediciones Trea.

Diccionario del español de México (2024), México: El Colegio de México.

Folter, Regiane (27 de junio de 2023). «Linguagem inclusiva e linguagem neutra: entenda a diferença», *Politize!,* disponible en: https://web.archive.org/web/20230704235358/https://www.politize.com.br/linguagem-inclusiva-e-linguagem-neutra-entenda/ [Consultado: 7 de junio de 2024].

García Meseguer, Álvaro (11 de noviembre de 1976). «Sexismo y lenguaje», *Cambio16*, núm. 260, disponible en: https://www.grijalvo.com/Alvaro_Garcia_Meseguer/Sexismo_y_lenguaje.htm [Consultado: 17 de agosto de 2022].

INE (3 de octubre de 2023). «Ya puedes solicitar el reconocimiento de tu identidad no binaria en tu credencial para votar», disponible en: https://youtu.be/9waYd4vPIUY?si=-ZiBQCdPa5fotihT [Consultado: 7 de junio de 2024].

Inegi (23 de junio de 2023), «Estadísticas a propósito del Día Internacional del Orgullo LGBTI+», disponible en: https://www.inegi.org.mx/contenidos/saladeprensa/aproposito/2023/EAP_LGBTI23.pdf [Consultado: 7 de junio de 2024].

Moreno, Gloria (28 de marzo de 2015). «Suecia oficializa el pronombre neutro», *La Vanguardia*, disponible en: https://www.lavanguardia.com/vida/20150328/54429302071/suecia-oficializa-pronombre-neutro.html [Consultado: 1 de septiembre de 2022].

Pérez Reyna, A. (coord.) (2014). *Niveles de lenguaje*, México: Universidad Autónoma de Nuevo León.

Pillado, Ángeles (3 de junio de 2019). «Ni ella ni él ni elles: este es el pronombre que promueve un gobierno», *SDP Noticias*, disponible en: https://www.sdpnoticias.com/internacional/elles.html [Consultado: 7 de junio de 2024].

Redacción (7 de octubre de 2022). «Ma "Go", "iel", les "bails", "gênance": les nouveaux mots du *Petit Robert 2023»*, *CIDJ*, 2, disponible en: https://www.cidj.com/actualite/ma-go-iel-les-bails-genance-les-nouveaux-mots-du-petit-robert-2023 [Consultado: 7 de junio de 2024].

Schuetze, C. (11 de marzo de 2019). «Ni arrobas ni equis: en Alemania usan el asterisco para el género neutro», *The New York Times*, disponible en: https://www.nytimes.com/es/2019/03/11/espanol/aleman-idioma-genero.html [Consultado: 25 de junio de 2024].

Sor Juana Inés de la Cruz (1689). *Obras completas. I. Lírica personal*, México: Cordiam.

Strzyzyńska, Weronika (2 de febrero de 2022). «New gender-neutral pronoun likely to enter Norwegian dictionaries», *The Guardian*. https://www.theguardian.com/world/2022/feb/02/new-gender-neutral-pronoun-norwegian-dictionaries-hen-official-language [Consultada: 1 de septiembre de 2022].

Toche, Nelly (26 de agosto de 2019), «El lenguaje inclusivo distrae del verdadero problema de fondo: Concepción Company», en *El Economista*. https://www.eleconomista.com.mx/arteseideas/El-lenguaje-inclusivo-distrae-del-verdadero-problema-de-fondo-Concepcion-Company-20190825-0085.html [Consultada: 7 de junio de 2024]

Vallejo, Irene (2021). *El infinito en un junco*, México: Penguin Random House.